给妈妈的
第一本食育书

卢丹娜 陈小龙 著

机械工业出版社
CHINA MACHINE PRESS

这是一本写给妈妈们的食育手册。在速食时代，作者倡导妈妈们回归厨房和餐桌，和爱人、孩子一起做饭、吃饭，重建家庭共餐的氛围。书中还介绍了在家庭中可以和孩子一起玩的食育游戏，推荐了一些适合亲子共读的食育绘本，引导妈妈们以食物为媒介，在充满温情的亲子互动中，使孩子成长为可以照顾好自己、内心充满力量的人。

图书在版编目（CIP）数据

给妈妈的第一本食育书 / 陈小龙，卢丹娜著. —北京：机械工业出版社，2019.8

ISBN 978-7-111-63262-7

Ⅰ.①给… Ⅱ.①陈… ②卢… Ⅲ.①营养卫生-健康教育-家庭教育-手册 Ⅳ.①G479-62 ②G78-62

中国版本图书馆CIP数据核字（2019）第145062号

机械工业出版社（北京市百万庄大街22号 邮政编码100037）
策划编辑：刘文蕾　　　　责任编辑：刘文蕾　孟晓琳
责任校对：李　伟　　　　封面设计：吕凤英
责任印制：孙　炜
河北宝昌佳彩印刷有限公司印刷

2019年8月第1版第1次印刷
145mm×210mm·6.625印张·106千字
标准书号：ISBN 978-7-111-63262-7
定价：45.00元

电话服务　　　　　　　　　网络服务
客服电话：010-88361066　　机 工 官 网：www.cmpbook.com
　　　　　010-88379833　　机 工 官 博：weibo.com/cmp1952
　　　　　010-68326294　　金 书 网：www.golden-book.com
封底无防伪标均为盗版　机工教育服务网：www.cmpedu.com

前　言
为什么食物将会是家庭教育的核心？

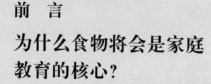

　　我们团队常驻青岛崂山大河东，有一次正好遇见一个很久没见的朋友，我们见面聊了几句。他问我现在在忙什么，我说做食育，他说那正好，最近胃口不太好。

　　听到"食育"这个词，相信大多数人立马想到的是"食欲"，"食物"的"食"，"欲望"的"欲"，意为想吃东西的欲望。但我今天讲的食育，仍然是"食物"的"食"，但却是"教育"的"育"。食物和教育有什么样的关系呢？如何将食物融入教育之中？食物为什么将成为家庭教育的核心呢？希望大家读完这本书，再听到食育这个词时，第一反应是"食育"。

　　食育，说白了就是把食物当作教育的工具。我们以蔬菜为例，种植、消费、烹饪、享用、厨余回收等都需要人与食物进行接触，在接触过程中从教育的视角加以设计，都可以视为食育。

为什么说食物适合作为教育的工具，而且在此加以强调呢？这就不得不提食物的几个重要的属性：

一、自然属性。食物本身是一个自然生命体，无论是植物，还是动物，其本身都具有自然生命的特征，如季节差异性、地区差异性、种类差异性等，可以说是我们最容易接触到的自然物。所以食物往往也可以作为自然教育的工具，所以食育与自然教育也有很多重合的部分，尤其是食育中关于种植的部分。一位贵阳的朋友送给我一把花皮花生的种子，当时我就在想明年该怎么种了，这就是食物引发的对自然的兴趣。

二、社会属性。基于其自然属性，食物往往寄托了不同地区的人们的情感与想象。食物往往与节日、祭祀、礼仪等文化活动有着密不可分的关系。不同的文化活动中，哪怕使用相同的食材，都会以不同的形式与内容加以呈现。所以食育与人文教育也有很多重合的部分，尤其是食育中关于节庆的部分。比如潮汕地区，每个传统节日都有大量与之对应的食物。当地人评价女性是否心灵手巧时，一个很重要的标准就是会不会烹饪这些节庆、祭祀用的食物。而我家也有过年包饺子的习惯，一定要大家一起劳动，这也是个非常重要的交流过程。

三、科学与艺术属性。烹饪本身就像一个实验，几千年来，人类对于烹饪的摸索，就是一个把人类勉强能吃的东西变成适合人类吃的东西，再到人类喜欢吃的东西的过程，这个过程本身就充满了很多物理变化、化学反应与数学计算的过程。食材本身所具有的丰富色彩与形状，也是自然的重要馈赠，再搭配精美的容器，便可成为一件美好的作品。所以，食育与科学启蒙、艺术启蒙也有着重合的部分。

如果食育只有以上几个属性，那么我们可以简单地称其为一种融合教育的优秀形式。但当了解到英国的校园菜园计划，美国的可食校园计划，意大利的慢食协会以及日本幼儿园、小学午餐背后的推动者——日本的《食育基本法》等如此推崇食育，我认为其源于食育所具有的最后一个属性——生活属性。

四、生活属性。食物本身就具有生活属性，这也意味着我们每天的基本生活都无法离开食物，无论有没有"食育"这一概念，实际上我们都在被食物不断地教育着。比如有的孩子只遵从于自己的口腹之欲，对加工食品有着严重的偏好，过量的糖、盐、油脂的摄入使患病风险大大提高；比如有的成人不吃早餐，也很少和家人愉快地享用晚餐，在匆忙中忽略了对身体和家人的关注；再比如对于很多孩子而言，食物只是一种单纯的可以填饱肚子的东西，他们既不会细细品味，也不会了解隐藏在食物背后的时令、相关故事及其对家庭文化产生的影响，因而变得不知四季变化，也不觉人情冷暖。

恰恰因为食物所具有的生活属性，使得食育成为一个我们无法回避的生活教育话题。如果我们给不了孩子优质的食育，孩子则会自然地顺从自己的口腹之欲，不同程度地受到市场逐利的广告宣传以及与食物所寄托的家庭文化的割裂所带来的影响。

所以英国的校园菜园计划教给小学生和初中生烹饪，让孩子们管理自己的饮食。为了对抗快餐文化，意大利慢食协会提倡慢食以唤起人们对传统文化与食物的关注。日本通过立法，从政府层面强制学校开展食育，支持民间食育配套农场的建设。

那么对于我们来说，如何给孩子或者我们自己一个好的食育呢？我给各位读者几条简单的建议：

首先，美好的一天从早晨开始，也从早餐开始。

很多人听我讲完食育后，都会直接问下一步该如何行动，我都会建议他从早餐开始做起。无论从身体还是精神上，早晨享用一顿丰富而美味的早餐绝对是开启一天美好生活的重要前提。如果没有吃早餐的习惯，一定要开始坚持吃早餐；如果有吃早餐的习惯，我建议自己做早餐；如果已经开始自己做早餐了，我建议每顿早餐至少有三个类别的食物，包括含淀粉的主食、含蛋白质的主菜及蔬菜水果等副菜。只要坚持做下去，早餐很快就会改变你的身体与精神状态。我们团队最津津乐道的就是我们做食育以来每天享受早餐的过程。

其次，与其吃到别人做的美味，不如自己试着下厨。

烹饪是一个极富创造性的劳动过程。每个人因为自己从小吃到的妈妈做的饭菜的味道以及自己独一无二的生命体验，从而产生自己独特的口味偏好。如果孩子们缺少对食物的兴趣，最好的办法是邀请他们参与到烹饪过程中来。如果你的另一半对你做的菜总是抱怨和指责，那么就邀请对方参与到烹饪劳作中来吧。如果你遇到了你认为很值得结交的朋友，那么邀请他来尝尝你的手艺，没有什么比一起做饭并一起享用更能营造融洽的交流环境了。

最后，亲自去菜市场挑选食材。

菜市场可以说是一个城市的生活中心，自然、文化、生活尽在此交集。菜市场真的是一个很有意思的地方，这里说的菜市场并不是指那些大型超市或商场的蔬果区，而是在你住所附近街道的早市，或者有固定日期开市的集市等。很多人问我如何了解最近的时令蔬菜，我说去菜市场看看，看看哪些菜的卖家多、销量大且便宜，就是时令蔬菜；很多人问我如何了解一座城市的文化，我说去菜市场看看，看看那里的人吃什么，怎么吃，吃的东西粗还是细，买的东西多还是少，都能从中看出一二。要是碰上过节，则能发现更多有意思的事。比如前段时间网络上讨论的南北方买菜的差异，就是一个有趣的因为文化差异而产生的话题。菜市场本身是一个真实的生活场景，那里有着本地人真实的互动，尤其在很多中老年人身上，能看到其与本地自然物产、节日文化及在社会交往上深深的联结。只可惜，如今逛菜市场的年轻人越来越少，带孩子去的就更少了。

所以，食育说大是个很大的事，民以食为天，但说小又是个很小的事，哪怕从一顿简单的早餐、从逛菜市场开始。让我们想象一下：早市上，妈妈拉着女儿的手，女孩的手里拿着一根全是泥土的胡萝卜；阳台边，爸爸蹲在儿子的身后，看着小男孩撕下一片阳台上种着的生菜，放进洗菜篓；厨房外，一家三口戴着围裙围着厨桌择芸豆，没有人提那些让人头疼的工作和学习的事，而说的是怎么今天这个芸豆这么老，今晚这些芸豆和五花肉一起炒还是清炒；在吃饭时，大家不再是围坐在茶几旁一言不发地看电视或玩手机，而是围绕一起买菜、做饭所产生的共同经历而有着大量可以交流的话题，爸爸也开始讲起了小时候和爷爷怎么吃大白菜的事。

食物教育最终给予家庭的，并不是社会中大多数教育所授予人的知识的积累、技能的学习或者能力的提升，而是让人可以在每天享用三餐的过程中，在充满温情的家庭关怀与互动中，回归与构建一种与众不同的家庭文化。在这样的文化滋养下，孩子就会成为一个内心充满力量、可以照顾好自己并且有着这个家庭独特味道的人。

目　录

Chapter One

第一章

家庭是最好的
食育课堂

01

你们家里谁在做饭？

第一次和孩子的家长见面时，我往往喜欢问家里做饭的情况：是爸爸做饭还是妈妈做饭？不经常做饭的是协助做饭还是不参与做饭？经常做饭的爸爸妈妈会不会在做饭的时候允许或者邀请孩子来帮忙？

孩子是否参与做饭，也能基本表明他是否参与家务劳作。凡是参与家务劳作的孩子，总会在这个过程中积累各种各样的经验，从而能更好地促进自己的成长。尤其是做饭这件事，只要是懂得节俭的家庭，每天都少不了开火做饭，能参与到这个过程中的孩子便有了经常学习的机会，也能锻炼他们的一些基本意志和品质。

爸爸妈妈一起做饭，双方就会有很多交流的机会，这样一来，无论是家里的大事小情，还是孩子的教育问题，都有充分的时间沟通。反之就可能会缺少这样交流的机会，导致因各种沟通不畅所带来的隔阂。一起做饭，其实也是一种团队合作，一家人往往缺少这样一起工作的机会，而做饭这件事恰好可以弥补这一点。爸爸经常做饭还是妈妈经常做饭，可以大致了解到谁有更多的时间负责家庭的工作，而孩子的家庭教育其实也是家庭工作中很重要的一部分，而做饭和教育孩子往往有着有趣的关系。负责家里做饭的人，要么就是自己喜欢吃，要么就是自己擅长做饭，而无论是哪一种，其实都是会生活且懂得如何照顾自己和家人的人。在言传身教的过程中，也会为孩子提供一些成长的特殊支持。

其实还有一种近些年越来越普遍的一种情况，也是让我开始担忧的一种情况，那就是越来越多的年轻父母，不再在家做饭，而是通过代餐品、营养素、外卖、在外就餐等来满足一日三餐，当然其中也有相当比例的家庭不吃早餐。在家中吃饭，并不是只为了填饱肚子而已，不在家做饭，可能会随之引发许多家庭问题，关于这一点，我们在后文中详细聊聊。

问完开篇的三个问题，家庭成员的关系和孩子的教育情况基本上就可以了解个大概。甚至可以说，一个家庭的

饮食生活从某种意义上能反映出一个家庭的基本面——关
系和传承，而关系和传承恰恰代表了家庭的过去、现在和
未来。

被忽略的厨房与烹饪

很多人觉得搞艺术是有关天赋的事，其实不然。学习
钢琴十年算是略有小成，绘画也要从素描画线开始。精通
一切艺术的基础在于对某种艺术表达形式的基本元素的掌
握，往往这种基本功的积累少则几年，多则十几年。烹饪
这一技能也是如此，对刀工、火候、温度、味道的变化和
食材属性的了解，都是需要不断地亲身体验从而不断改进
的过程。

任何一道带有"妈妈的味道"的菜肴，看似简单，实
际上都是妈妈多年厨艺的一种浓缩的精华。作为食育中最
核心的烹饪技能，确实是对这些基本功有要求的，所以想
在家中开展食育，首先要清楚，即使孩子对烹饪充满了十
分的兴趣，也不可能上来就能独立完成一道美食，并且把
厨房收拾得整洁如新。所以这个锻炼基本功的过程，恰恰
也是一个孩子了解食材、锻炼自己手眼协调能力、体会不
同口感与味道关系的过程，当然这个过程中也需要我们成

人在一旁进行指导，并且帮助他们去寻找适合其烹饪水平的食谱。

可能有人看到这里会心生疑问，我们是在把孩子培养成一名厨师吗？我觉得这个问题很有意思，是不是我们让孩子听古典音乐、学乐器就是希望他们成为音乐家呢？我觉得并不是，学习艺术是为了让孩子学会审美，学会发现美，而非要求孩子必须成为一名艺术大师。学习烹饪的目的，就是让孩子学会一门生活技能，能够自己照顾自己，而非要求孩子成为一名烹饪大师或者职业厨师。

我们现在的教育往往有一种强烈的功利主义倾向，不是为了考试，就是为了未来的前途，这样教出的孩子可能确实在某些方面有所特长，但在"成为一个人"上，是否存在某些基本方面的缺失呢？对于一个孩子而言，毫无疑问的是，审美与生活是启蒙的必要内容之一。在烹饪的整个过程中，就像我们承担的任何一项家务工作一样，需要提前做一些准备，而完成之后需要进行收拾，在制作的过程中有大量的机会通过触摸、挤压、调制、观察的方式与食材进行亲密的交流，最终再通过火、水这些自然中常见的元素，让食物变得美味而诱人——这难道不是厨房里的魔法吗？

而更神奇的是，食材的魔法最终被装在风格各异的容器中，而品尝的人不必有任何学识、经验、智慧，便可以在品尝之后感叹盘中之物的美味。还有什么体验比这更美妙吗？烹饪的人就像一个手艺人一样，用灵巧的双手制作作品，过程缤纷多彩，最终把原始的材料变为成品，就像一场盛大的魔术，使原本平凡的食材变得香气迷人、秀色可餐。这样一个过程，竟然不需要品尝的人了解与参与任何制作，就可以非常直观地用舌头上数以万计的味蕾感受到那或轻薄或厚重，或浓烈或清淡的美味。还有什么比这盘美味更适合去和家人、朋友一起分享呢？

所以，会烹饪的孩子，不光会照顾自己，更擅长结交朋友。一个素未谋面的陌生人，给你端来一碗热气腾腾的牛肉面，都可能会让你放下戒备，不禁食欲大增，更不用说当一个平常就交谈甚欢、志趣相投的好友端出一盘精心烹制的佳肴款待你，那种内心的温暖与感动会瞬间拉近两个人之间的距离。相信在这种愉快的气氛下，聊什么都能聊得十分开心吧。

我们常常以安全、怕捣乱为由拒绝孩子进厨房。但实际上，这样的阻止不但会扼杀孩子的好奇心，恰恰也给家庭教育堵住了一条捷径。通过学习烹饪，孩子会在与食材大量的接触中建立基本的自然认知与思考，在观察、加工、烹饪食材过程中去积累厨房里的基本功，在一次次帮

厨的过程中养成准备与收拾的习惯，在一次次选择容器与
布置餐桌的过程中培养美感……而厨房往往又是家庭中最
易被低估的教育场所。我们会在书房教孩子阅读与学习，
会在客厅中教孩子谈吐与待人接物，会在院子里教孩子运
动与劳作，所以我们没有理由拒绝孩子进入厨房，与家人
一起共享有趣的烹饪"魔法"。你难道不期待孩子学成之
日，独自从厨房端出一盘精心烹制并且蕴含满满感恩之情
的菜肴吗？

如何让餐桌充满吸引力？

我是一张木桌子，我的木匠父亲在制造我的时候和我
说，我的出生是为了一个伟大的使命——我将成为一个家
庭中最重要的一个部分，每一天，家里的每个人都会在我
这里相聚，一起享受美好的食物，我会见证一个家庭其乐
融融的时光。

我满怀着期望等待着，有一天，有个看起来很斯文的
男士决定带我走。我走进了一个三口之家，刚进门就看到
女主人一脸开心地拥抱男主人，把我仔细地擦干净，并且
在桌面上摆放了一个花瓶，又认真地在花瓶里插上一枝
花。一家三口愉快地在我这里享受了一顿晚餐。此时，我

想起了木匠父亲说的话，我觉得我会在这个幸福家庭中发挥重要的作用——直到，家里来了一台超大的平板电视机。

电视机几乎和我一样大！刚开始我还不以为然，只是到了饭点，需要女主人把大家的注意力从电视机那儿转移到我这儿。可是，慢慢地，女主人再也不把一盘盘好吃的食物放在我身上，而是径直端到了电视机前的茶几上。其他人也会径直走向沙发，围坐在茶几旁，享受着电视节目带给他们的快乐，而非盘子中的食物。甚至吃完了好久也都窝在沙发上，看着电视里不断变换的画面。

这跟木匠父亲曾说过的不一样，我像是多余的，既大又占空间。女主人每次路过我身边，总是轻轻地皱一下眉头，让我不知所措，买回来的东西也经常随手就放在我身上。我忘了是哪一天，女主人路过我身边时，原本紧皱的眉头突然舒展开了，眼睛一亮，还露出了会心的微笑。难道她终于记起了快要被遗忘的我，又要想一家人围坐在我身旁享受美好的食物了吗？我突然感觉既紧张又兴奋！

然后她把花瓶放到了茶几上，把一些平时用不到的箱子、盒子塞到了我下面，然后把热水壶、微波炉一股脑堆在了我身上，还边堆边说道："这样餐桌就能用起来了，嗯，感觉家里清爽多了！"

为什么不在餐桌上吃饭？难道真的是电视机把我们的家庭成员吸引走了吗？我认为并不是。真正把我们的家庭成员从餐桌上赶走的恰恰是餐桌本身，或者说是餐桌旁的人造成了这一切。

首先，因为我们成人越来越大的工作压力与孩子身上越来越重的课业压力，所以餐桌上的话题永远围绕着孩子有没有好好学习，有没有认真完成作业等话题。这些话题本身并不是问题，但也恰恰暴露了父母与儿童之间共同语言的匮乏。父母觉得不能和孩子聊工作，孩子也不想和父母聊学习，好像除了工作与学习之外，并没有其他可聊的内容。而对于人来讲，最重要的"生活"，却并不在谈话范畴内。餐桌变成了制造压力的地方，而茶几前的电视机往往可以让家庭成员忽视这种冷清。

其次，基于成人工作的繁忙、压力大等问题，成人也越来越倾向选择速冻品、快餐以及现在很流行的送餐服务，所以出现在家庭餐桌上的食物多是深度加工的食品——不但失去了原有的色彩、形状，而且味道也因为重盐重糖而掩盖殆尽。我们对食物的要求也越来越趋向于快速填饱肚子，简单粗暴的味蕾刺激，便于制作与收拾。其结果就是餐桌上的食物再也没有了"妈妈的味道""家传的做法"与新鲜期待的感觉。一个让人感到压力，又没有故事、趣味与期待的地方，当然会驱使我们离开。

最后，茶几就餐本身，其实也是有着大量难以预见的隐患的。已经有科学研究表明，当我们看电视的时候，食量会有明显的提升，这是因为我们在看电视的时候更容易忽略胃部的感受，从而造成过量进食。在很多家庭中，这样的过量进食每天都在发生——高盐、高糖、高刺激的饮食与过量摄入同时发生，大大增加了我们患各种疾病的风险。而当我们习惯于蜷在沙发看电视、刷手机来排解每天的压力的时候，其实就间接拒绝了与家人的互动与沟通。长此以往，家庭成员之间的冷漠就会加剧，青春期与更年期的对立会更甚，代沟会更明显，并不是孩子难管了，而是家庭成员的关系淡薄了。

所以并不是我们被电视吸引，而是我们现在没有了家庭的餐桌文化。要避免上述的情况，最简单有效的方法就是打破现状，重建家庭的餐桌文化。那又该如何重新回到餐桌呢？**重建餐桌文化，最直接的方法，就是重启我们的餐桌，而不是将餐桌变成一个置物架子。把餐桌变成一个家庭中具有家庭文化、充满趣味的"交流中心"，让每一次在餐桌上享用美食的过程，都充满尊重、温馨与欢乐。那我们该如何重新回到餐桌呢？下面就给大家介绍一个简单的三步法。**

第一步，围坐在一起，设计一个小小的就餐仪式。

我们的家庭成员应该在吃饭的时候都围坐在餐桌旁，并进行一个简短的感谢食物的仪式，这个仪式可以根据不同家庭的不同情况进行设计，最好有一句引导语作为大家一起开始吃饭的口号。这样既建立了仪式感，让孩子意识到一定要全家人一起吃饭，并且感谢食物，又会让孩子进入"吃饭模式"，从而可以放下电视、手机，专心地和家人边聊天，边吃饭。家长如果发现孩子很喜欢，饭后也可以设计一个小仪式，做到有始有终，大人也要一起参与进来。

第二步，聊一些轻松的话题，不谈论任何不愉快的事。

聊天是我们餐桌文化中必不可少的一项活动，但聊天可能会引出让人不愉快的话题。所以成人之间一定要先做一个明确的约定，就是在饭桌上不谈论可能引起任何人（包括家庭中的小成员）不愉快的事。如果一旦遇到不愉快的话题，不愉快的人也要克制自己，不要让不愉快的气氛出现在饭桌上，从而减少来自餐桌上不愉快的经历所带来的压力。

第三步，选择更天然的食材和更赏心悦目的餐具。

最美味的东西恰恰在于食物本身。无论在有孩子还是没有孩子的家庭中，我都建议更多地选择少加工的天然食材与不同的盛装美味的餐具。

少加工的天然食材会具有更多自然的色彩和形状，而且完整地吃下一种食物，给予身体的营养会更为均衡。对孩子来说，更少加工的食物，会给孩子更多感觉上的刺激（食物本身的口感、味道、风味等），从而减少单纯味道上的刺激（咸、甜、辣等），可以让孩子掌握更多的食材信息。

不同的餐具与不同的食物进行搭配，会产生不同的视觉感受与艺术效果，从而刺激孩子对美的启蒙。另外，使用独特的容器、工具（如筷子、勺子），更容易让孩子与其建立起情感上的联结，从而在我们餐桌仪式的基础上，进一步给孩子强化"吃饭模式"，使其更专注、更愉悦地投入到用餐的过程中。这样也能让孩子更容易、更有意识地去关注食材本身的味道。

当然也可以准备一张更适合孩子使用的儿童餐桌，专门在招待孩子的朋友时使用，这样可以进一步增强孩子对于自己家庭文化的自豪感，激发其分享的欲望。

最后，值得一再强调的是，全家人要秉持"我们围坐在一起，是为了愉快地享受美味"这样的信念和心态，来认真而专注地吃每一顿饭。

希望本节开头被当作置物架的木餐桌，能被女主人重新利用起来，发挥其应有作用，成为家庭中的一员；也希望正在阅读本书的你，也能打破电子产品的束缚，从疲惫所带来的家庭冷漠的怪圈中解脱出来；最后，希望我们的孩子不会生活在一个因倍受现代社会的重压而变得冷漠的家庭。希望每一个人，都有一个可以围坐在一起，愉快地享受美味的家。

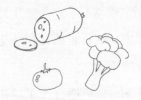

培养孩子的择
食力是食育
的目标之一

杂食者的两难

"杂食者的两难"这个词来自迈克尔·波伦（Michael
Pollan）所写的一本书的名字，在这本书里他提出了一个
很有趣的观察，就是我们人类作为杂食动物，其实在选择
食物上是有困难的。比如我们每天都会问自己、问他人
"今天吃什么"。

对于自然界的动物而言，食物一般很单一，牛吃草，
羊也吃草，可能口味有点差异，但它们世世代代在基因里
都烙印着其身体所需要的食物。对非洲草原上的猎豹来
说，羚羊是最好不过的晚餐了；对狮子来说，水牛才是真
正的大餐，也许对它们来说可以偶尔吃点其他的打打牙
祭，但是自己究竟需要吃什么是印在骨子里的。但人类

呢？中国人常吃的蔬菜就有十几种，再加上各种肉类、豆、蛋、乳制品，随随便便常吃的就能有几十种，更不用说那些天南地北的，从全世界进口来的虾、肉、水果了。到底该吃什么，不该吃什么，吃多少，这些问题，其实一直都在伴随着我们的日常生活。

所以在我们人类的文化与知识中，为此衍生出了体现中国传统哲学的中医饮食，极端繁杂且在不断发展与修正的现代科学中的营养学，还有在这个过程中，在那些捕风捉影的消息中与现代传播渠道中出现的各式各样的"超级食物（只吃这种食物就足够了）""代餐品（吃了它比正常吃饭还'健康'）""营养补充素（吃了它就不用吃饭了）"……作为社会中的个体，我们很难不被充斥着工业文明、商业文明的各种各样的观念及利益所影响，更不用说相对于如此复杂而庞大的体系的，是每天都要吃饭的活生生的人。我们即使去学了中医和营养学，也无法给出"什么才是'正确'的一餐"答案。

提到人与食物的关系，从历史的角度来说，可以追溯到人类诞生之初，但现代科学意义上对人与食物的研究，其实才有短短几十年的时间。所以人和食物长期的互相影响、深层次的相互作用都是现代科学暂时无法解释的。近几十年是食品工业发展最迅速的阶段，每一天都有各种食物商品甚至是可食的东西被研发并大批量生产出来。而这些"新发明"，尤其是要吃进我们肚子的"新发明"，到底对我们的身体会产生怎样长期的影响或深层次的作用，谁也不能给出确切的答案。在物质生活尤其是食物选择日益多样化的今天，孩子的择食力就成了儿童健康成长尤为重要的，甚至可以说是必要的促进成长的因素之一了。

学会选择食物是儿童必须掌握的能力

最近有个朋友问我，孩子是否必须接受食育？我认为是必须的，而且宜早不宜迟。生活中经常听到很多妈妈在考虑儿女饮食的时候，常常把"营养""有机""专家"甚至"中医"挂在嘴边，内容大多是来自不同渠道的经辟谣后仍不消停的"告诫"。我觉得这恰恰是我们这代人在成长经历中缺少食育的结果。因为以前信息闭塞，养儿育女的经验都是一辈辈传下来的，不管对错，都是未经考证的"权威"。而今天我们处于信息爆炸的时代，受到各种信息的冲击，今天一个古方推荐，明天一个专家告诫，信息量多到不知道谁对谁错，一句"宁肯信其有"就听之任之，不加判断。正是因为对什么都一知半解，对什么都信一点，听之任之，长此以往，必然出现问题。尤其当下各种商业广告不断地在告诉我们，营养就是健康，健康就是营养。如果真是这样，那么以后大家就干脆吃一颗颗的营养素替代食物好了（其实已经出现了这样的趋势）。如果真是这样，日本也不用早在十多年前就颁布《食育基本法》来促进营养均衡与文化保育了。另外，对于人类与食物的科学研究其实是近几十年才开始兴起的，而如果去追溯人类与食物的历史，其实可以追到成千上万年前。所以当下对于吃的科学、人与食物之间关系的研究，一方面我们要抱有对科学研究的敬意不断学习，另一方面也要理解科学研究中不同流派的不同观点，以及研究持续时间较短而对这个议题产生的影响。所以说到底，营养本身并不是健康，就像科学只是人类文明的一部分。对于一个人而言，只有营养的均衡、身心的发展、自我与社交的平衡，才能带来真正的健康，这才是食育的目的。食育是怎么达到这些目的？我们从孩子需求的角度，来谈谈学会选择食物对儿童的成长起到怎样的作用。

营养的均衡

我们先来讲讲营养，但我们关注的不是某种食物或营养，而是孩子自己认识营养分类，做到摄入均衡，并选择适合自己的食物。

从前有个小孩，时运不济，从小没少吃苦，吃饭也是有上顿没下顿。小孩长大后又有了自己的小孩，儿子辈吃上饭已经没问题，但是对于好吃的东西，只有往肚子里咽口水的份儿。小孩的小孩又有了小孩，孙子辈的生活真是好，山珍海味天天见，大鱼大肉要多少有多少。这就是中国现在大多数家庭的现状，别的暂不说，单就吃这个事上，三辈人因其成长在不同时代背景下，看法就相去甚远。

对于现在大多数成人的童年而言，营养均衡的最大敌人是营养不足，而现在的孩子饮食健康最大的敌人是偏食挑食、暴饮暴食，最终结果就是营养素过量摄入、盐糖过量摄入、部分营养素缺失等问题层出不穷。所以对于当下的孩子而言，营养的均衡不再是有什么就吃什么，而是要根据自己的需要有选择地吃。

我们提倡每个孩子都学习食物三色法，这是日本幼儿园已经开始使用的教孩子掌握自己饮食基本均衡的方法。三色法就是根据食物给人体提供的营养素将其分成三大类，而儿童只需要确保自己在每顿饭中都能吃到这三类食物，就可以保证基本的营养均衡了。在进一步学习不同色彩所代表的营养素及其对身体不同的作用后，儿童就能根据自己的身体状况与感受，调整和选择自己的食物，学会管理自己的饮食。

所以我们谈营养，并不是着眼于单一营养素或者某种特定的食物，更不是谈论关于营养学或者医学的一般知识，而是介绍让儿童都能掌握的简单朴素的方法，使孩子有能力、有意愿地选择自己的食物。这是基本的选择食物能力的体现。

身心的发展

我们如此看重营养，并非因为营养本身，而看中的是摄入足够的营养对孩子身心发展所起的作用。

孩子的自然发展不只是所需营养的摄入，可以说更重要的是孩子身心的均衡发展。这就不得不提到另一个概念——启蒙。如果能恰当地将食育作为工具，对孩子的启蒙其实并不难。尤其是当孩子自己选择食物后，他会更有兴趣地去感受、发现、思考，这便开启了他的自主学习之旅。

比如做饭之前，可以尽可能多地让孩子去感受完整的食物，比如洋葱除了具有强烈的刺激气味，还有一层一层的结构和丰富的汁液，这些特点都是自然启蒙的良好素材，更不用说一年四季按时令与地区购买的食物，更是蕴含着与季节和生命有密切关系的信息。

比如做饭过程中，让孩子参与进来，并给予孩子充分的时间对食材进行探索，无论是掰断、碾碎还是挤压，不同的食材会给予孩子不同的感受，在锻炼孩子动手能力的基础上，让孩子充分体验探索与实验的过程，这难道不是在家里能开展的最好的科学启蒙课吗？

比如准备不同颜色、形状、材质的容器，让孩子根据自己的喜好搭配食物与容器，这也是最生活化的艺术启蒙。还可以让孩子一起参与各种准备与收拾工作，让他们理解家务与生活密不可分的关系。

还有那些值得庆祝的节日，为什么不叫孩子一起来准备呢？就像以前大年三十晚上大家一起包饺子时所感受到的那种合作、交流、分享与团圆的幸福。所以，**食育本身就是一种来源于生活的教育，存在于我们身边最普通的生活场景中，用教育的思维进行重新设计，给予孩子成长过程中必要的"营养"，让孩子不仅了解如何选择食物，更要通过选择食物为自己的成长做好准备。**

自我与社交的平衡

对于孩子来说，学会均衡地摄入营养，通过食物对自己进行必要的启蒙这些就足够了吗？并非如此，还有一个更重要的部分，即与社会中其他人的联结。

当下各种教育理念和形式都在推崇小组合作、团队对抗、学生主导，这些的确会对大部分孩子起到积极良好的作用，但如果认真观察，会发现具有外向性格的孩子在这个过程中更有优势，内向的孩子往往在这样的过程中反而不知所措。那我们再来想想烹饪过程中最让人期待的是什么：是看到一堆有趣的食材吗？若是那样的话，也许令人开心，而且感到惊奇；是装盘完成一道难度颇高的菜品吗？人们可能会因此产生强烈的成就感与自信心；是邀请朋友来品尝你的菜品吗？恰恰是分享，让我们的烹饪过程不只是埋头苦干，还有当别人夸赞"好吃"的时候那种难以言喻的美妙感觉。

最后这种感觉对于成长中的孩子来说，是一种极为重要的促进提高社会交往能力的动力。而对于父母而言，没有什么比得上看着孩子笨手笨脚地弄了一桌半生不熟的菜更让人热泪盈眶了。所以当孩子具备选择甚至制作食物的能力之后，会对其社会关系、家庭饮食生活都产生正面积极的影响，而这些变化会进一步促进孩子社交能力和关系管理能力的提升。

更进一步来讲，我们的文化对烹饪与食用过程赋予了很多社交的含义，而我们成年人也常常在这些过程中进行各种各样的社交活动。孩子在参与烹饪以及分享的过程中，可以有更多的机会对父母的社交行为进行观察，在真实的场景中学习父母的社交细节，不但能够学会基本的礼仪，更重要的是还能继承与延续家庭特有的饮食文化。

学会选择自己的食物，与其说是孩子需要学习的内容，不如说是生活在当下我们每个人都应该掌握的能力。无论是学习高深的技术与知识，还是探索世界的奥秘，或者建立丰功伟业，前提是必须具备健康的身体、心理及良好的社会关系状态，而具备这些的前提是拥有良好的生活习惯，尤其是要关注饮食健康，学会选择自己的食物。所以不仅是孩子，还包括我们成人，都需要建立起自己的"择食力"！

三色法的内容与实践

很多父母并没有掌握很全面的营养学知识，那么该如何让孩子具备基本的食物分类和均衡营养的常识呢？在此推荐日本幼儿园里常用的方法，把所有的食物，按照它们所能提供的主要营养分成三大类，分别是：红色（蛋白质类食物，如肉、蛋、豆制品等）；黄色（碳水化合物类食物，如主食及淀粉等）；绿色（纤维素与维生素类食物，如水果、蔬菜等）。并在墙上圈出一个区域，将食物分成三部分并涂上对应的颜色，然后可以制作很多食物的卡片。每天的饭菜使用了什么样的食材，就把食材卡片贴到对应的区域。

在这里需要再次强调的是，三色法不是按照三种颜色来对食物进行分类，而是按照食物所含有的主要营养素将绝大多数食物分为红色食物，黄色食物和绿色食物。

每次吃饭时，孩子可以根据自己的喜好挑选食物，但是三类食物都要求吃到。慢慢地，孩子就掌握了基本的营养知识，并认识到这三类食物具体的作用，也养成了均衡摄入的习惯。红色区域食物中所含的蛋白质和钙可以使我们的牙齿更坚固，使骨头更坚实，使肌肉更结实；黄色区域食物中所含的碳水化合物能增强运动能力和思考能力；绿色区域食物中所含的维生素可以让皮肤更有光泽、眼睛更明亮，有利于增强抗病能力，稳定情绪。

看到这里是不是感觉让孩子学会自己选择食物就不必担心营养摄入不均衡的问题了？但是这里也要提醒大家，山鸡蛋与普通鸡蛋、强钙牛奶与普通牛奶之间营养素的差异是极其微小的，而它们的新鲜程度、农药激素和抗生素残留、腐败病变率实际上更能影响我们的身体，所以在孩子选择食物之前，家长还是要先把把关。

如何教孩子使用三色法呢？三步就可以完成啦！

第一步，告诉孩子不同的食物给了我们身体不同的能量，这种能量和食物本身的颜色没有太大关联，而是我们吃掉食物之后能转化为什么样的能量，而每顿饭都吃入三种不同类别的食物就能让身体保持健康的状态。

第二步，提醒孩子在吃饭的时候留意一下，饭菜中是不是包含了基本的三种类别，以保证营养均衡摄入。当然，如果每种类别都摄入三种以上的食物，那就更均衡了。

第三步，随着孩子对三色法实践的熟悉，家长就可以慢慢给孩子介绍，不同的能量会给予身体不同的支持，这样孩子就可以根据自己的身体状态主动选择食物。

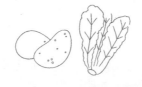

会做饭的孩子更懂得感恩

消费社会下的感恩

我的一个好朋友，在一家大型的培训机构当老师。这家机构每年都会举办中小学生夏令营，其中一个非常重要的主题就是感恩。令这个朋友最头痛的就是夏令营里感恩环节的设置，因为这个环节需要让参与者泣不成声，需要让大多数人沉浸在这样的氛围中。我个人认为这样的感恩设计给人的感觉很不好，但每一年都有夏令营，每一年都有感恩环节，每一年都有孩子在这个环节哭泣。但我依然不禁想问，这就是感恩吗？

从某种角度来说，教育在被商业消费着，越来越多的培训组织抓住家长的教育焦虑赚取各种高昂的溢价。而感恩也在被商业消费着，只是这样的消费并非来自家长的焦虑，而是来自家长对孩子美好样子的想象。商业的逐利性决定了其在乎的并非教育目的的达成，而是在不断降低成本的同时，通过利用家长焦虑及其对于美好教育成果的想象而获利。

那么回到我们真实的内心，我们为什么对于感恩有着某种想象，或者说为什么我们希望孩子具备感恩这样的美好品质？是什么驱使我们付钱去让孩子学会感恩？

是谁教会了我们感恩？

第一次听"感恩"这个词，可能来自小学语文老师的谆谆教诲，也可能来自西方感恩节的启发。想必大家在求学时也书写过各种题目的感恩主题的文章——文章中的主要人物有爸爸妈妈、哥哥姐姐、爷爷奶奶，等等，文章中不断地表达他们对你的恩情，似乎感恩是一种对长辈的反馈。而当我们读了越来越多的书，认识了越来越多的人，越来越有心去感受这个世界时，才发现感恩更像是一种对于接纳天地万物赐予的态度与心境。

而对于父母而言，收到的最大的惊喜莫过于两人的爱情结晶了。从得知这个小宝贝到来时的或紧张或兴奋的心情，到十月怀胎的沉重与忍受，再到一朝分娩时夫妻双方对于共同创造生命奇迹的深深的感动，再到看着孩子一天天长大，看着他或调皮或专注的样子……无一不被打动。对于这样的给予，我相信父母在内心深处都会感谢从创造到诞生再到养育一个新生命这一过程所带给自己的对于生命、关系、情感的深刻体验。而这个体验的过程，不仅是父母给予孩子的一个过程，也是孩子接受给予的过程。单纯地接受给予并不是我们传统文化中所提倡的，礼尚往来才是情感交流与互动的正确方式。

近些年舆论对于功利化养育的批评报道有很多，指责养育孩子的过程就像一场交易。在准备孕育孩子的时候就是抱着"养儿防老"的想法，在孩子成长的过程中不断告诉他们要报答父母的养育之恩。但我认为慈和孝之间并不是一场交易，而是在每个人都做好自己的基础上，对于对方的给予所保持的一种感恩的态度。如果孩子对于父母的给予觉得理所当然，或者父母对于孩子听从自己在重大决定上的选择心安理得，其本质都不是礼尚往来，而是作为给予者的一种傲慢。

在我看来，"感恩"这个词虽然来自西方，但其提倡的主旨其实与我国传统文化中给予者与被给予者在礼的范畴内实现一种和谐是高度一致的。这也是越来越多的人从近代被扭曲的家庭关系中走出来并接触到感恩文化后，如此希望自己的家庭文化中融入这种品质与精神的根本动机所在。

如果只是从让孩子知道父母对他有多好，他必须感激父母的角度来让孩子理解感恩，那么这个过程必然会让孩子扭曲地认为感恩是给予者单方面造成的，而对给予者与被给予者的关系、角色的转换等这些给予过程中更深层次的东西缺少体察和感受，自然无法把握"感恩"这个词真正的内涵。

当孩子端来一碗面

一个每天都参与家里一日三餐准备的孩子，除了会照顾自己以外，更重要的是参与了家庭劳作的过程。这个参与过程一方面可以让孩子有更多劳作的机会，积累更多的身体感受、操作经验以使他们在未来去把这些经验转换为知识和技能；另一方面，作为家庭中的一员参与到家庭工作中，其实是一个参与家庭生活，不断地去强化作为家庭成员角色的过程。

换句话说，我认为很多孩子在成年之后之所以没有很强的家庭观念，恰恰是因为没有参与过日常的家庭生活，没有承担起相应的责任和工作。没有承担相应的责任，也就没有对等的权利。如果孩子一直作为一个附属品存在于家庭中，他就会理所应当地享受父母给予的一切而不自知，习惯于衣来伸手，饭来张口。他们一天天长大，怎么会主动想到对父母感恩？难道我们要这样一步步养大孩子，然后送到培训机构去让孩子学习感恩吗？

所以，孩子需要参与到家庭劳作中，尤其是三餐的准备，这对孩子来说不单是一个学习的过程，更是一个身份赋予的过程，是一个作为家庭中一员参与家庭劳作的过程，更是一个作为家庭成员尽到自己的家庭义务从而拥有权利的过程。获得权利之后会做什么呢？会在父母忙碌的时候自己去门口的菜店买菜，会在父母外出的时候自己给自己做饭，更重要的是会在父母生病卧床的时候煮一碗热腾腾的面端到他们眼前。

而这一幕发生的时候，孩子自己知道什么叫感恩吗？可能还不知道，但是我想我们都认为他知道了。因为他能体谅父母，会理解他人，会照顾自己，会关心别人。而这一切的前提正是他认为自己是家庭中的一员，有责任、不求回报地去照顾其他人，他所做的这一切是一种自我要求而非别人对他的要求，而他也清楚地记得在他无数次生病时爸爸妈妈是如何照顾他，为他端上一碗热腾腾的面条的。这样的孩子还需要别人教他感恩吗？

在做家务中感恩这个世界

其实在一日三餐的准备过程中，我们除了作为家庭中的一员感受到家庭的责任外，也有机会感受更多的作为自然中的一员、地球上的个体所应承担的责任。感恩从来不是只存在于人与人之间，值得我们感恩的除了家人、朋友，还有我们呼吸着的空气、滋润着我们的水、哺育着我们的食物，还有承载这一切的山川河流、五湖四海。

当下的孩子普遍缺少一种大的格局，即作为一个社会人的责任感，作为一个自然人应有的感恩之情。我们缺少参与到整个人类所面对的问题的解决过程中，也缺少在城市中接触自然的机会，因而忘却了自然给予我们的一切生命。而食物是我们在生活中接触最多的自然物，其背后也隐藏着很多我们人类需要共同面对的问题。

首要的问题就是饥饿与浪费。人类每年有大量的食物被浪费，而与之对应的却是仅在中国还有 1 亿多人口处于食物不足的窘境。随着经济的发展，更多的孩子所面对的关于食物的首要问题不再是食物的匮乏，而是暴饮暴食、偏食挑食所导致的摄入不均，太多的孩子喜食加工食品、高油高盐的零食与高糖的饮料，他们即将或者已经开始面对三高、糖尿病、心脑血管疾病的年轻化问题。随着城镇化建设的加速，越来越多的孩子出生并成长在城市中，他们每天面对的是电视与手机，严重缺少和大自然接触的机会，自然缺失症由此而生，因而在成长甚至成年之后导致各种各样的身体、心理问题。更不用说现在父母最关心的食品安全问题，我们不可能一辈子去帮孩子挑选食物，只有他们自己具备选择健康食物的能力，才能真正地照顾好自己。

我们希望孩子在成长过程中养成很多珍贵的、让他们受用一生的品质，其中尤为重要的就是感恩的品质。当孩子学会感恩父母、朋友，学会感恩自然与这个世界时，对于他自己的成长来说也有正面积极的影响。这个过程其实并不需要求助于别人，通过家庭一日三餐的参与，就可以让孩子逐渐地从只是觉得好玩，变成一种责任，再到意识到家庭角色，最后成为我们共同生活的地球的一员。这个过程是自然而然发生的，只要父母从现在开始，邀请孩子加入到一日三餐的准备过程之中。

吃饭也要有仪式感：从内心感谢面前的食物

进餐仪式感让普通的生活充满了情感与意义

想必每个人坐在一桌饭菜前，都会感觉到一种张力，这种张力来自于对美食的期待与对同桌人的等待。这里的同桌人可以是家人，他们可能正在厨房里忙里忙外或者刚下班回到家中；也可以是朋友，来家里做客或者已经熟悉得像家人一样等待开餐；当然也可以是陌生人，首次坐在同一张饭桌前目视饭菜，相视点头微笑。这是一个很有趣的过程，仅仅开餐前几分钟的时间，你就可以创造出一个场景，让每一个将要在饭桌前吃饭的人进行自我展示，这个展示包括其所在的家庭、所处的社会角色、所遵守的社会规则与礼仪，以及如何理解接下来的这一餐。

我从上小学开始就在姥姥家寄宿，小时候都是和姥姥一起吃饭，到了后来，姥姥年纪大了，舅舅一家搬过来照顾她，再后来姥姥去世了，舅舅继续住在那里，我也会经常去吃饭。我印象很深的是有一次舅舅邀请我爸来吃饭，觥筹交错了几轮之后，我爸说我在这里表现出的那种极度放松与随意的状态是他不曾在其他地方见到的。虽然我理解他的意思可能带有一些批评的意味，但我也第一次发现，原来一个人对家的感觉并不是他有意识地为家做了什么（因为那些有可能是屈从于社会赋予你的某种责任或者需求），而是仅通过一顿家常便饭，便在不觉间倾泻出自己对这个家的全部感觉。

上中学后，有一段时间，我也会在餐桌上抱着手机，在那个如饥似渴的年龄，感觉通过小说去幻想自己的未来比现实中的家庭要重要得多。后来过了那个年龄段，一人离开家乡到外地漂泊，开始慢慢感觉到从小到大 20 多年，家中餐桌上的时光才最为珍贵。我幼年的另一半时光是在奶奶家度过的。奶奶家非常看重一家人共餐的过程。各种大小节日，全家一定要一起进餐，像春节这样重要的节日，不仅要共餐，还要全家一起包饺子。无论大餐小餐，只要说回来吃饭，全家人都会耐心地等待，一起启筷。无论端上来什么好吃的，一定是年长者先动筷。像这些在餐桌上的细节，我回忆起来时满满的都是在奶奶家共餐的记忆，而这些记忆在我看来并不是一种严苛的要求，而是一种清晰的价值观。这种传统至今遵行，在饭桌上，尤其和家人共餐的饭桌上，手机都会被丢得远远的。

进餐仪式感让我们专注于餐桌本身

如果把吃饭当作一件普通的事，那么生活中会有太多的诱惑让我们转移注意力甚至主动忽略吃这一过程。从收音机到电视机，再到智能手机，不断革新的科技在不断地吸引我们把更多的注意力放在它们上面。对于一餐而言，我们把越来越多的注意力都给予了电视、手机，而放在吃及共餐的人身上的注意力越来越少。结果可想而知，我们把进餐地点从专门用来吃饭的餐桌，转移到了方便看电视的客厅茶几。而现在大家把注意力又放在了手机上，坐在哪儿倒不重要了，整顿饭下来再也没有将注意力集中在餐桌上。所以，我们需要让吃饭这个事变得不再那么普通，这并不是单靠我们的意志力让我们留在餐桌上，而是要意识到这件事本身就是一件很重要的事，所以才需要如此专注地吃饭。

吃的习惯

吃的习惯是建立仪式感一个很重要的因素，很多人认为"食不言"是中国传统饮食的一条重要规则，但在我看来其实仪式感就是在吃的过程中塑造的一种习惯。

那我们是不是一定要靠"食不言"来提高仪式感呢？答案当然是不一定，因为在共餐过程中，交流对于家庭关系的构建与生活经验的传承具有重要的意义，所以我们可以想想怎么利用吃的习惯让共餐的过程更有仪式感。

最简单的方法前文已经提到过，就是借吃饭的机会聊聊天，重点在于聊天的内容，就是试着去讨论一下这顿饭如何。不论好坏对错，而是其当下带给我们的味道、口感和感受。这一点我是受到了从小和我爸在饭桌上交流的启发。我爸就是一个很喜欢做饭的人，我对食物的关注、感知甚至今天成为一个食育人，最大的影响来自我爸。我爸喜欢做饭，家里的每顿饭都是他亲自下厨做的，我记忆最深的还不是下厨的部分，而是大家坐下来一起吃饭的时候，我爸总是会问一句："这道菜怎么样？"当我抿抿嘴说出自己的感受后，我爸就会分析一下这道菜为什么会有这种味道，比如食材的产地、品种或者时令，而我就会再追问为什么这个产地、品种或者时令能让食材有这个味道，我爸就会继续推断一番更深层的原理。这个过程让我记忆犹新，因为在我做食育之后，我经常会更加有意识地去研究这些问题，面前的菜不再只是蔬菜或者鱼，而像一扇窗户，可以透过这扇窗户看到一个很有趣的世界。即使现在和别人吃饭时，我都会细细品味，兴致来了还会和对方聊聊这道菜。

这个从习惯入手的仪式感，不一定要拘泥于传统的"食不言"，当然也不一定要拘泥于日常的聊天，可以想一下吃饭过程中让自己觉得有趣的部分，不妨把它变成家庭共餐过程中的一个习惯。

吃的意识

之所以把吃的意识单独拿出来讲，是因为我发现身边的朋友有一个很一致的习惯，一旦手上有点工作，就可以推迟甚至跳过一餐。在我看来这是不可想象的事，因为从最基本的功能来看，如果没有食物给予人营养和能量，那么人就像一个没有油的发动机，即使发动起来也是以一种非常不健康的工作方式运转的。甚至因为早上时间有限，习惯性地不吃早餐。这些习惯对身体健康带来了巨大的风险。

　　所以吃的意识是建立吃的仪式感的一个基础保障。如果吃都可以忽略，动辄因为生活中的事可以推后吃饭或者少吃，那么吃在生活中就变成了一个无足轻重的部分。我看到已经有很多人通过代餐品、直接补充营养素来代替本来的餐食，虽然这些大多是在标榜健康，但，是不是通过这些方式所规避掉的吃饭的麻烦也对你充满了吸引力呢？吃的意识是吃的前提，就这一点而言，已经有太多的科学研究论证不吃饭对身体造成的影响与风险。所以在家庭中首先要营造的就是一种吃的意识，无论如何，每天每顿饭都要有吃的意识，晚上、周末、节庆时全家人都要有共餐的意识。这种意识甚至可以以一种家庭规则的形式建立起来，而当吃饭变得重要起来，自然而然地就会形成一种仪式感，让吃不再是一件普通的事，而是每天生活中一个必不可少的部分。

家的仪式感

　　传统之所以成为传统，因为它是过去的，而且也是流传至今的。传统的东西既会带着过去的某些文化，又会经过不断的筛选后变得适应今日。能留到今天的传统，首先是值得我们尊重的过去，这个过去可能是一个家庭的过去，也可能是一个地区的过去，也有可能是一个民族甚至一个国家的过去。其次才是去判断是否要将其保留到我们自己、家人及亲朋好友的习惯中。

比如吃饭要等人齐落座，心都聚在这一张饭桌上时才能启筷。我个人就很喜欢这个传统，有一种家的温暖与包裹感，一家人共同进退。又比如邀请长者先启筷夹菜，这样的规则其实无关乎地位，而在于一种感恩与敬畏之心。老人颤颤巍巍的手曾经支起了整个家庭乃至家族，这便是对过去的一种感恩。有时候我在外就餐，偶尔能看到一家人欢聚一桌，孩子却在桌上无法无天，看到此情景，只有苦笑一声。总觉得少了一份尊老惜食的传统，缺了一份对长辈的感恩与敬畏之心，甚至这桌饭菜也变得廉价起来，且这份欢聚也少了几分和睦。

在这里要着重提一下节庆的仪式，虽然繁复，但确实蕴藏着深刻的文化内涵或者家庭背景。比如一些地区的祭祀仪式，准备的复杂程度、对程序与规则的严苛程度、对祭祀人的背景水平及其对祭祀的熟悉程度都有明确的要求。对于一个地区的文化传承而言，这是至关重要的，所以应当传承。但回到一家之中，如何变通便成了一门学问，如何取其精华的关键就在于如何把仪式中的精神、理念以一种适合自家的形式留存下来，又不至于太过复杂。比如过年时一家人围坐一圈包饺子，从揉面到饺子下锅皆要手工完成，还要上下衔接，互相配合。看似不如买现成的方便，但实际上正是这样一个合作与交流的过程，让一年没有多少机会相见的家人能共同劳动，还能聊聊家常，从而让一家人更熟悉彼此，更团结和睦。所以传统节日还是应当保留其中相当多的仪式性的内容，哪怕没有那么方便与轻松，这个看似复杂的过程恰恰是建立仪式感的机会。

仪式，让一件事超出其本身的意义与价值。以吃为例，难道吃真的只是为了填饱肚子吗？真的只是为了摄取营养吗？如果答案是肯定的，那么与食材接触时的那些感受与学习，与人共餐时的融洽与沟通，与家人共餐时的那种家味的传承再去哪里寻找呢？当我们的工作越来越繁忙，当有越来越多的电子产品吸引我们注意力的时候，当我们劳累了一天回到家，和家人一起共进晚餐之前，请来点仪式，让一家人其乐融融。

晒任何美食都不如踏踏实实地陪孩子吃顿饭

一个从拍照开始的早餐实验

现在有种现象，很多人在朋友圈里活得远比在现实中活得好。这种好是一种精心设计后呈现出来的好，让人一看便心生羡慕。

在智能手机"威霸天下"的年代，拍照是一个很方便的动作。这种方便一方面可以让我们随手记录下生活的点滴，另一方面就是拍得好的照片会轻而易举地在各种社交平台上脱颖而出。同样是拍一朵花，一张是停留在几十年前的人、花、树大合影，而另一张是使用各种微距、滤镜、美颜、修图等技术手段得到的照片，自然后者能赢得多数人的喜爱。一顿早餐也是如此，一顿普通的早餐由不同的人拍出来尚有差距，一顿精心烹饪再加以认真拍摄的

042

早餐更是让人赞叹不已。

现在越来越多的妈妈们开始在朋友圈上传餐照打卡，以及专门用来交流的美食群，也涌现出越来越多精心准备以及精心拍摄的餐食的照片。

这似乎少了些什么。当我们在不断地追求多样的、美丽的一餐的时候，是不是还能关照到我们的身边人？当我们在不断满足别人眼球的时候，是不是还能想起儿时记忆中妈妈的味道？当我们在追求美的时候，是不是还能记得对家人的陪伴？

于是我们的食育团队开始尝试早餐拍照分享的实验，没想到真的发生了很多有趣的事情。这个实验发生在两个成人之间，跨度大约是500多天，当然这个实验还在继续，而我挑出我直观感受到的东西记录了下来。

被拍照耽误的早餐

我是个很喜欢吃早餐的人。在开始拍照环节之前，我都会等到早餐上桌，然后进行一个小小的餐前仪式，再开始享用早餐。但自从有了拍照环节之后，最明显的感觉就是因为等待拍照，从烹饪到享用的过程断裂了。

拍照是一个需要花心思的工作，除了餐前要做的摆

盘、桌面布局，还要去找光线、选角度，拍下来之后还
可能有一些调整布局、调整画面甚至调整光线与饱和度
的工作，哪怕直接用手机"傻瓜式"地完成拍摄，也得
花几分钟来完成从拍照到发送的程序。而在这个过程中，
桌上的早餐就像随时间衰败的玫瑰，没了热气腾腾、新
鲜出炉的感觉。

　　另外，有些时候早餐时间并不那么充裕，虽然急急忙
忙但也是认真做好的早餐，也要进行几分钟的拍照，把本
来就很短的早餐享用时间进一步压缩。早餐变成了一件不
断赶时间的事，本来可以轻松地享受美味，本来可以和家
人多一会儿闲聊与陪伴，都变成了泡影。我很早就发现了
拍照带来的问题，在没有太多用餐时间的时候，我都会有
点生气，因而把原本融洽的早餐气氛破坏殆尽。

被评论影响的选择

　　拍照发朋友圈，从某种意义上来说就像是开放了自己
生活的一部分，最直接的影响就是只要你发出去，总会收
到各种各样的反馈。当然绝大多数都是积极正面的反馈，
但当出现不那么积极的反馈时，你是如何面对的呢？

　　很有意思的就是，当我们把早餐照片发出去的时候，

044

收到的最多的评论是你们为什么吃这么多。怎么回复呢？简直让人哭笑不得。早餐是我们一日三餐中从量上来说相对较多的一餐，也务必需要更为丰富，满足身心需求，成为愉快的一天的开启。所以通常我们的早餐都有会使用近10种食材，多的时候可能有20多种。另外，因为早睡早起，所以在吃早餐的时候我们已经起床2～3个小时了，正是最期待美味果腹的时候。

我很能理解评论里对于我们早餐丰富度和饭量上的惊讶，所以受到的影响较小，但我的搭档常常会受到这些评论的影响，考虑我们是不是在饭量上要少一点，即使我们都很清楚多少才是对我们而言足够并且舒适的量。另外，我们的早餐偶尔会选择牛排这种在其他人早餐里少见的食材，或者做得比较复杂可能有五六个碟子，这时会收到其他各种各样的吐槽。

当晒早餐变成工作的一部分

从事食物教育工作，我经常津津乐道的一点就是我们本身的饮食生活发生的变化。但其中一个不得不提的反例，就是当我们开始把早餐拍照发朋友圈之后，早餐就有了工作化的趋势。而且这样的趋势并不是一下子转变来的，而是随着越来越多的人关注、评论，我们也希望进一步把早餐做得更多样、拍得更美而一点一点转变的。

这个过程我们一方面把本来生活中的烹饪过程、饭前仪式与享用的流畅感受打断，将仪式感弱化，使每个环节都变得机械，就像是工作中的一个环节；另外一方面就是我们开始对对方的烹饪水平提出要求，要多样化、要美、要看起来有食欲、要看起来不要显得太多……

仿佛有种感觉，早餐不再是为早餐享用者准备的，而是为了更多看到我们早餐图片的人而准备的。享用者对妈妈味道的回忆、轻松愉悦的闲聊氛围、认真享用一顿精心准备的早餐都成了这张照片的附属品。

这场拍早餐照片发朋友圈的实验，最初目的是想推动更多的人关心和在乎自己的早餐，并试着制作适合自己的多样、美味的早餐。但万万没想到拍照分享这个环节本身，让我们有了这么多不同的感受和反思。本来享用早餐是一个重要的交流与陪伴的过程，但是仅仅增加了一个拍照分享的环节，就将这些本身弥足珍贵的过程抛到了九霄云外。所以这个实验也促使我们不得不开始反思一个关键的问题——家庭中的一餐，除了满足身体的营养所需之外，到底什么才是至关重要、不可或缺的呢？

被分割的餐桌

这几年我去亲友们新装修好的家参观时都会发现，无论是哪种装修风格，都有一种不可逆的趋势，那就是电视越来越大。似乎对于现在大多数的家庭而言，"家"就是一个房子，房子的中央有台大电视，家具的摆放也都以怎么看电视最舒服为原则，然后是仅用来睡觉的卧室、不怎么开火的厨房和不再种植物的阳台。这就是我们每天下班、放学之后所回到的被称之为"家"的地方。

每天大家围着餐桌，一手拿手机一手拿筷子吃饭，或者干脆围着电视吃饭（明明有饭桌却端着碗去客厅茶几上吃），同时留意着自己手机的动静，电视声比交谈声大，回各自的房间后继续刷手机。住在同一个房子之中，但家庭成员间交流的机会越来越少。

家庭关系正在变得疏远，无论你相不相信——全体家庭成员相聚的次数越来越少；难得相聚时的陪伴质量令人担忧；家庭成员之间的生活经历差异越来越大，共同语言越来越少。

我们随口就可以举出一堆"元凶"——电视、手机、互联网、游戏，等等，但是当我们意识到这个问题，并且要面对这个问题的时候，已经被影响的家庭关系要如何恢复如初，甚至更为亲密呢？

这就是我做食育最初的一个动机——黏合现代社会中普遍疏离的家庭关系。这种疏离是家庭成员之间关系的疏离，同样也是每一个家庭成员与家之间关系的疏离——即使我们回到家中，我们依然在意的是电视中的新闻、手机中的讯息、互联网上的股票行情。人虽然在家中，但心早已飞出窗外。

给我一顿饭的时间

现代人的生活节奏越来越快，我们与家人相伴的时间越来越短。如果这一点对于成人的关系而言还只是有影响，那么对于亲子关系而言就是一个相当需要重视的问题了。各个专家学者、各种理念的教育思想都在提倡高质量的陪伴，但是如何进行简单而高质量的陪伴，又不会对平日忙于工作的家庭成员增加额外的负担呢？我想没有什么比共餐更适合的办法了。

共餐，就是和家人一起享用一餐。日本食育推动计划把和家人共进晚餐列入了其五年计划的十个核心指标中，足以见得日本是多么重视共餐的作用。在我看来这一点恰恰来自中国传统的家族文化，**家的核心是厅堂，而厅堂的中心是餐桌，吃每一顿饭时，大家都围桌而坐，有仪式，有礼仪，有交流，这也便形成了维护中国传统家族关系的重要渠道和有力保障。**从谈吐表达，到礼仪举止，再到核心关系中的夫与妻、父与子、兄弟姐妹之间的关系，皆在餐桌之上。为什么当下要重提亲子关系的建立与维护？我认为并不是原本的这套基于餐桌的渠道和方法不管用了，而是在现代化的进程中，人们疏于买菜做饭，家人也更少围坐而餐，这套习惯被现在快节奏的生活给打破了！

就如慢食协会所提倡的与快餐文化的对抗，其本质并非是抗争，而是慢文化在这样快节奏社会中的复兴，让我们这些处于快节奏社会中的自然人有机会停下来反思自己是不是处于一种越来越快的惯性中，我们是不是真的需要这么快，以及在这个过程中我们有没有因为快而不经意间忽略了很多珍贵的东西。在我看来，家庭共餐次数的减少、家庭关系的疏离，乃至每个家庭所具有的独特文化的消失殆尽，是当下多数家庭普遍存在的问题。当这样的家庭文化一旦断流，孩子们的回忆中不再有妈妈、爸爸的味道，那么我们的孩子还真的是我们家的孩子吗？没有家庭文化传承的孩子，文化自信又从何谈起呢？一个没有坚实根基的孩子又该如何走向未知的未来？

所以共餐不是一个新兴时髦的概念，而是原本就在我们骨子里的传统文化。现在只是提醒大家，不要丢了这么至关重要的东西，因为其所蕴含的意义远比其看起来的样子重要得多。我们的童年记忆中还不断闪烁着和家人共进一餐的情景和细节，但请不要让我们孩子的记忆变得荒芜。

通过食育弥合的家庭关系

食育就像田野上的花朵，把纷飞的蜜蜂吸引到身旁，这是为什么呢？

食育之所以能让大家重新回到餐桌，并非因为食育本身有多么大的力量，而恰恰因为食育给了全家人一个聚在一起的理由。有一本在日本非常畅销、感人至深的书，叫作《会做饭的孩子走到哪里都能活下去》，讲的是一个身患重病的年轻妈妈如何教四岁的女儿学习做饭，学习做家务，而女儿又是如何照顾妈妈的故事。书中妈妈说过这么一段话：

外面买来的现成饭菜偶尔吃吃也无妨。但如果一味如此，孩子从父母身上是学不到任何东西的。一日三餐，一年算下来就是一千多顿饭。餐桌的力量是惊人的。现在还来得及，为孩子做些你能做的事吧。

当看到这段话的时候，我不由得想象着一家人一起吃饭的样子。这个画面唤起的是一家人其乐融融的记忆，而这个记忆恰恰是让我们内心变得强大的力量。对孩子来说，共餐满足了对食材的好奇与成长所需要的体验；对妈妈来说，共餐既是传授家庭厨房秘籍的过程，又是让孩子慢慢协助做家务的机会；对爸爸来说，这个过程是劳累一天后与孩子互动的珍贵的快乐时光……一家人围着餐桌而坐，期待着亲手烹饪的"大餐"的到来，愉快地谈论着烹饪过程中的点点滴滴，而不是那些充满抱怨的工作与不想提起的成绩。

现代大多数的房子，其布局都是以客厅为中心，让客人进来就能看到一个家庭的富足，也从某种角度上分享了这种美好。但如果让我选择，我会设计一个以餐桌为中心的布局，餐桌旁的墙上不再是一个巨大的电视，而是陈列着我与孩子亲手制作的装有各种食物的瓶瓶罐罐，周围挂着各种各样的食材与工具，朝南的窗边还种着樱桃萝卜与小番茄。每天和孩子在这里准备美好的食物，看着孩子一天天长大，一家人其乐融融，这大概就是最大的幸福吧。

Chapter Two

第二章

为什么要做
食育？

02

　　食育的场景如此普遍，食育的目的也是那么原始，那么为什么还要特意提出来，提醒和提倡大家注意食育呢？

　　我们每天都在走路，但这并不代表我们知道怎么运动、如何让身体协调发展和保持健康。同样地，我们每天吃饭，也不代表我们充分了解食物、知道哪些食物适合自己。

　　更迫使我们提倡食育的恰恰就是因为它是最基础的，基础且平常的事物反而常常被忽视。我们教育孩子就像饲养一只饲料鸡，迫不及待地填满它，然后让它长大，我们时刻担心它是否吃饱了，希望它"快点长大"，而散步和抓虫子这些技巧对于饲料鸡而言是不需要学习的，只要待在笼子里专心长大就好了。我们在教育过程中，有一些很基本而且每个人都应该学会的东西缺失了，所以即使是学习成绩优异的好学生，也可能没有学会究竟该怎么生活。

　　我们关注食育的动机通常来自对孩子的养育，是对"给孩子吃什么"的回答。等到接触食育后就会发现，食育不单单是营养，它涉及孩子成长的方方面面，特别是对家庭、社会、自然关系的一种传承。**食育就是用教育的思维重新设计生活饮食场景，让孩子重新理解自己和食物的关系、了解如**

何选择食物以及与家人共进一餐的重要意义，进而从中汲取必要的养料和力量，为孩子的成长做好准备的生活教育。我们从来不希望把孩子养成在温室里长大的白胖孩子，而是希望他们是有血有肉、会生活、会和自然与周围人愉快相处的孩子，而食育就是引导孩子学会生活的重要方式。

斯坦福大学 Maya Adam 的"儿童营养与烹饪"课程在刚开始时就提到了食物本身的两个作用：一个是为我们提供营养，而另一个就是具有社会功能。因为我之前就已经学习完这门课程，所以希望写一篇文章，在描述食物本身功能的同时，增加教育角度的观察与思考，回到食育上来谈这个问题，具体讲讲如何从食育来看食物的社会功能。

是不是只有成人才能感受到食物的社会功能？是不是只有舶来的生日蛋糕才能承担他人的祝福？在城市里成长、只在超市购买"商品"的孩子会不会丢失一部分的感知？这些问题让我想起了曾经阅读过的一本绘本——《荷花镇的早市》，里面似乎有对这些问题的回答。

这是一本让我印象深刻的绘本，因为此书从始至终只讲了一个简单的故事：一个叫阳阳的小朋友回荷花镇给奶奶过大寿，和姑姑一起去早市为奶奶的生日大餐购买食材。这个绘本非常好地再现了一个在传统的熟人社会下，栩栩如生的日常生活场景。在这些场景中流露出了很多真实而细腻的情感，让即使没有经历过那种场景的人也能在脑海中里描绘出一幅画面。

"哎，李师傅，早！这是我大哥的孩子阳阳，昨天刚回来的。"

"爷爷好！"

"好！好！都这么大了！跟他爸小时候一模一样！是回来给奶奶过大寿的吧？"

"对呀，对呀，在你店里订的蛋糕，我回头来拿。"

不看绘本，我们单单从截取的一段简单的文字上来感受一下。寥寥几句对白，我们就能看出一些很有趣的信息，阳阳的小脑袋中大概会接收到这样一些信息：这个叫李师傅的人认识姑姑和爸爸，他知道爸爸小时候长什么样，似乎认识了很久，他知道奶奶生日，而且还会给奶奶做蛋糕，说不定爸爸小时候的生日蛋糕也是他做的，如果我在这里长大的话，也许我的蛋糕也是他做的，他做的蛋糕好吃吗……从这样几句简单的对话中，就可以得到这么多有关社会关系的信息。

　　如果我们认真地去分析绘本中的场景，会发现在一次简单的逛早市的过程中，进行着大量的信息交换：首先，阳阳从小没有在荷花镇长大，但在逛早市这个过程中，姑姑将他作为家庭中的一员介绍给其他人，延续友好的关系；其次，在这个过程中阳阳可以很直观地认识"荷花镇"本身的一些时令果蔬，感受当地的风土人情，对荷花镇建立起一种直观的认知；最后，阳阳对于姑姑或者整个家族在购买食材上的习惯与偏好，尤其是对奶奶大寿这样仪式性活动的采购偏好，建立起了一个基本的感受。这一切对于阳阳自己来说也许并没有意识到，但会在他接下来的人生中起到潜移默化的重要作用。食物的功能性不仅给阳阳提供了身体上的营养，还提供了很多社会关系上的延续，以及文化上的基本认知。

　　说到这里，再和大家分享致力于乡土艺术教育的非营利组织——禾邻社发布的一篇原创文章——《还不了解乡土艺术教育？快看这里》，其中有一个观点：

　　"自然物候是对生活所在时空环境的发现与理解，习俗风物是辨识自己、知悉他人、理解多元化的魅力，历史文学是在思辨与想象之上创造一个存在于生活与艺术之间的世界。自然物候、习俗风物和历史文学从内容结构上构成了'乡土艺术教育'，三者彼此独立又相互关联……"

我们一直在谈的食育，也是一种基于自然物候和它所产生的特定的习俗风物中的陪伴和教育。这些传承的习俗不一定是以文字记录传承的，很多时候是以一道道菜、一种口味偏好的形式铭刻在了我们一日三餐的生活当中。所以食育本身就是平常生活场景中一种不断重复出现的生活教育与本土教育。只是我们越来越少地在家做饭，越来越不关注一些传统节日的共餐仪式（如过生日不一定只有西式蛋糕，还有长寿面和红鸡蛋），所以渐渐失去了这种教育。**食育并不是一种西方教育创新的舶来品，而是一种在中华大地上土生土长出来的文化传承形式。**

任何脱离了本地的环境、物产、时令、风俗、偏好等开展的食育，都只是一种眼界的开拓、跨文化的理解，比如以炸鸡为代表的美式快餐，虽然从营养的角度来说对身体弊大于利，却也是了解美国当代快餐文化的一个窗口。但如果我们的孩子都习惯于在外就餐，都习惯了美式快餐的高油、高糖，以及饭店里的味精与高盐，那么被记录在食物中的本土文化部分就会式微，甚至被慢慢地淡忘。我现在经常回家吃饭，我爸主勺而我在一旁给他打下手，他还很奇怪为什么我现在这么勤快了。我一直想，如果再对我们的本土文化无动于衷，我又拿什么传承给我的孩子呢？

从学习和介绍国外的食育案例开始，包括英国的校园菜园计划、日本的《食育基本法》、意大利的慢食协会、美国的可食校园计划，我产生的第一个错误认识是，食育是舶来品，是国外素质教育的体现。后来我们通过一系列的文章去强调食育本土化的重要性，但又有了新的错误认识，食育是一门很专业的课程，食育只能在学校进行。很多家长以为只要跟"教育""学习""课堂"相关的字眼有关联，就都是学校和老师的事，但家长倒也不是撒手不管，而是觉得需要专业技能和场所，需要听专家的才能完成。实际上因家庭本身的不同特点与差异，专家能给予我们家庭教育方面的指导是非常有限的。

食育或者说食物教育，听起来确实像一个专门造出来的晦涩词语，但我认为，食育恰恰是一个很生活化的概念,而食育最常发生的场所就是家庭,每个平凡的人可能每天都在经历着。我们之所以引入这个词或者尝试去归纳或创造一些做法,无非是希望引起大家对自己家庭饮食的关注,能有意识地觉察到食物对自己的影响,以及更清楚地了解自己选择食物的意义。所以接下来我想和大家聊聊我们身边的食育,到底这些我们每天接触的食物是怎么让我们学到东西的。

前面向大家提到过一本绘本,叫《荷花镇的早市》,讲的就是小男孩阳阳回家乡逛早市的情景。对于现在城市的孩子而言,大多并没有见过我们平常吃的蔬菜、瓜果是如何从地里生长出来的,甚至我们买回家的食物大多是已经经过加工的,如切掉萝卜缨的干净胡萝卜,切成块的鱼肉。食物原本的样子已经被区分为"可食"部分与"不可食"部分,但自然的食物真的是这样吗?我们食用的部分与整株植物的关系是怎样的?不同食物之间的差别是什么?对于同样一种食物,如何分辨其含水量、成熟度等不同的属性?

这些问题对于不经常逛菜市场的成年人来说,可能都有些难度,但是对于经常逛菜市场的孩子来说,估计也能略知一二。可惜的是,我在菜市场上见到的孩子并不多,出于各种原因,家长没有让孩子参与食物采购的过程,而这一过程恰恰是非常好的食育契机。我们可以粗略地总结一下孩子可以在菜市场感受到的东西：

- 首先，可以在购买的过程中观察自然食物的方方面面，这不但会让孩子与自然的关系有所改善（自然教育），而且会让孩子感受到自然的色彩、形状、质感，丰富对这些审美属性的理解（审美教育）。

- 其次，如果能坚持带孩子去菜市场，孩子可以通过观察蔬菜、水果、海鲜的不同，感受季节变换对于当地物产的影响，这样也可以对本地的自然物产有更深的了解与印象（自然教育），联系本地一些文化习惯建立起对食物的基本印象，如端午节前买粽子、艾蒿（本地文化传承）等。

- 再次，食物的价格会受不同的产地及生产方式、卖相等因素的影响，孩子会直观地感受到小农生产和工业生产的区别（经济教育）；在买卖过程中成人的沟通模式，对孩子的社交成长也会有潜移默化的影响（社会交往）。

- 最后，如果让孩子自主采购，他会更主动地参与到食物的烹饪或储存工作中。因为菜市场大部分的蔬菜瓜果是新鲜的，孩子可能就在无形中更偏好自然食材，习得照料自己生活的本领。

单单一个买菜的过程，就有如此多的教育元素融入其中，所以食育并不是一个高深的理念，它只是借助我们身边最常见的食物来实现教育目的的一种形式而已。

另外一个不得不提的食育部分，就是大家一起操办庆祝重大节日。在端午节，大家是自己包粽子，还是和孩子一起包粽子？过年时，是大家一起围坐着面板包饺子，还是买现成的速冻饺子？越是富有文化传承意义的仪式性庆典，其实越离不开食物，同样我们的食育也一定可以融入其中。三四岁的孩子可以协助家人淘米、将剂子（擀皮之前的小面团）揉圆按扁等，五六岁的孩子可以协助拌馅儿、叠粽叶等，再大一些的孩子甚至可以全程协助制作各种食物，而12岁以上的孩子可以独立完成庆典中某种食物的简单制作。这个参与的过程不单是我们直观印象上的分担工作，而是可以有大量的教育元素穿插其中，同样我们也可以粗略地总结一下：

• 首先，这个参与的过程可以锻炼孩子基本的动手能力，如果你能提前了解各年龄段孩子所需锻炼的内容，如小肌肉的控制、手眼协调等，参与这些工作可以帮助孩子快速具备这些能力（身体练习）。

• 其次，这个过程可以让孩子全身心地参与到节日庆典的筹备中，不但会增加孩子对该节日文化的兴趣与认同，更重要的是可以让孩子对家庭有更多的了解与更深的归属感（文化认同）。

● 最后，庆典中的分工协作，不但可以增强孩子的团队协作意识（团队意识），而且还可以在协作的过程中促成交流，让孩子了解家中特有的语言环境，从而提升孩子自己的社交能力。

所以每一个节日都是一次食育的契机，下次你还会直接购买现成的食物，或者自己一人制作这些仪式食物吗？

食育不是什么高大上的舶来品，也不是一个空穴来风的概念，更不是只有专家才有发言权的理论。它启发我们重新思考自己与食物的关系，以及在这个过程中的各个节点给予孩子不同方面的引导与启蒙。**姑且抛开教育不谈，一个能认真对待食物的人，一定是一个认真生活的人，也一定是一个会照顾好自己的人。而这不正是我们教育最本真的目的吗？**

孩子从
食育中学习

　　很有意思的是，很多人并不认为我们能从身边习以为常的事物中学到什么，比如每天呼吸的空气，每天喝的水。比起这些无形无色的东西，我们开始更高频地关注每天的食物，很多家庭也更倾向于购买健康、安全、无污染的食材。但不知大家是否注意到，我们的孩子自出生就在面对食品安全这个问题，其对孩子的影响更为深远。那么就在当下，单单食物这一个方面，孩子从这个问题中学到了什么？为了解决问题，他们还需要学习什么？

感受真实的世界

　　很少有人能拒绝炸鸡与薯片，原因并不单纯是我们想象的个人偏好或者孩子自制力薄弱，而这恰恰可能因为人

类诞生初期的生存本能——炸鸡和烤肉这类富含蛋白质和
油脂的食物在高温下散发出诱人的香味，对原始人而言，
犹如神明恩赐的美味食物与营养来源。这是一种对食物的
原始渴望。

所以先不要说孩子，成人中又有多少人能抵抗这种诱
惑？人类的食物从整体匮乏到整体满足其实并未过去多
久，想想三年困难时期带来的饥荒距今不过几十年，但人
类追求食物的生存本能早已有成千上万年的历史。那么出
生在食物如此富足时代的孩子，仍停留在满足早已不再饥
不择食的口腹之欲吗？还是需要从小学会利用身体与生俱
来的丰富的感官，从生活中常常接触的食物开始，不断地
探索与了解，并充满了好奇与勇气？

学会管理自己的身体

孩子并不是都有"童年"的，我这样说并不是否认每
个人都经过从小长到大的过程，而是说现代孩子的"童
年"被过度关注、过度保护、被剥夺应有的对世界的好奇
及自主的权利，"童年"的意味全无。

很多孩子吃得越来越好，身体素质却越来越不如父辈；
很多孩子越来越高，却不再充满探索的动力与信心；很多

孩子学习了越来越多的知识，却变成了一只只"优秀的绵羊""妈宝男""博学的生活不能自理者"。他们并不是从一开始就想依赖别人活着的，而没有远见的教育和生活方式使他们不得不习惯于依赖别人活着。

我们现在就应该让孩子参与到真实的家庭生活中，从准备食材，到收拾碗筷，再到学会选择适合自己身体的健康食物，又再到学会通过食物去关怀他人。这样的孩子哪怕游历在外，哪怕面对未知的未来，都更能照顾好自己。

让本土文化深植于灵魂

人在年轻的时候往往喜欢浪荡天涯、四处为家，而一上了年纪往往多是思乡情切，期望落叶归根。这大概是我们文化的一种表现，但到了今天随着人口流动性增强，很多人成了异乡人。家乡的变化日新月异，如果没有了家乡与根，那么哪里才是年老时灵魂的归宿呢？

在由全球化与互联网推动着的不断变革的今天，人们除了要具有灵活的适应能力与开放的文化包容能力外，最重要的大概就是一种对于自身所处的社会文化、民族文化、家庭文化等的深刻理解了吧。但是对于大多数的城市移民而言，自己都不了解居住的城市，怎么引导孩子产生深刻的感受与理解呢？

可能答案就在食物中——一方水土养一方人，这里的土地生产出这里的食物，而这里的食物便天然地表现出这里的自然物候。这里的人食用着这里的食物，从而生出这里的风土人情。所以没有比食物更慷慨的讲述者，如此温柔地诉说着当地的自然与人文，让新生在这块土地上的与迁移到这块土地上的生灵将这里的文化根植于灵魂深处。

孩子总会从食物上学到些什么，因为食物是生命赖以维持的基础，与我们的生活如此密不可分。而有一群人正致力于让所有的孩子都能从食物中汲取其所需要的身体营养与精神营养，让每个孩子仅通过一日三餐，就能变得足够好学与善思，独立与坚定，内心充满自信。

这就是"食育"，必然发生的教育。

口腹之欲的本质是短期欲望的满足

我们所有的选择本质上都是在满足两种需求，一种是短期的、眼前的、立马见效的需求；另一种是长期的、远大的、长久有利的需求。我们总是在这两种需求之间，不断地维持平衡，因为其一方面关系到我们当下的情绪；另一方面关系到我们长久的幸福。而这一点让我感受最深的具体例子恰恰在吃上。

我奶奶的胃不太好，在吃上特别注意，食物以口味清淡而且好消化为标准。我是跟着奶奶长大的，所以在吃上也特别注意，这就让我和身边的同龄人有了差别。那会儿其他同学常吃甜的、辣的食品，我很少吃，看到身边的小伙伴细细品味时，总有一两次忍不住的时候。但吃的时候又觉得味道重，吃完了总觉得肠胃不那么舒服，便也就吃得少了。唯一一个例外，就是鱼香肉丝这道菜，酸甜可口，吃多少遍都不会腻，我身边的同龄人也都喜欢。为此奶奶专门研究做这道菜，虽然味道和饭馆里的差别很大，但还是有几分相似之处，我便欢喜得不得了。归根结底，哪怕外面的饭菜再好吃，吃完了总有几分不适感，而在家吃得总是很舒服。而且看到奶奶胃部不适时痛苦的样子，我越发地不喜欢在外面吃，而是喜欢在家里吃饭。

小时候没有觉察，现在想来，和奶奶居住的那段时间真是我一生中不可多得的财富，这一方面让我养成了以长期健康为导向的饮食取向，另一方面也让我对家里的饭菜有了一种自然而然的偏爱，至今如此。关于这个例子，仔细一想，就会发现当下需求与长久需求之间的平衡，即选择当下觉得好吃的东西，还是选择长久吃起来让人舒服的东西；是喜欢口味清淡，还是偏好浓油赤酱；是寻求在外就餐的新奇，还是追求在家就餐的舒适。

这里并不是说在家吃就一定口味清淡，我也接触过一些饭菜口味很重的家庭，也不是说我们就只有吃长久舒适的才是绝对正确的。就像前面所提到的，我们需要去平衡当下需求和长久需求，而不是一味地迁就当下或者一味地为了未来而忍耐。因为我现在看到了太多迁就当下的现象，所以萌生出重申"平衡"这一食育主张的想法。

自从做了食育工作，我在大街上溜达时总喜欢观察和

吃有关的店铺，总是对吃有一种无穷的兴趣，这大概就是
我爸一直跟我说的"学吃要三辈子"的道理吧。这些年最
明显的，就是各种打着川菜名号的香辣、麻辣店铺不断开
张，异常火爆。最开始是烤鱼，先是出现了好多专门做烤
鱼的店，接着很多店增加了烤鱼这道菜。然后是被亲切地
称为"麻小"的麻辣小龙虾，一到夏天各种麻小店人潮涌
动。更不用说在近两三年冒出数不清的烤翅店。人们总是
在变着法地满足自己的食欲，来缓解快节奏的城市生活带
来的连绵不断的压力。在这个观察的过程中，我也特意和
四川、重庆、湖南那边的朋友聊过，其实很多东西在他们
那儿是没有的。打着地方的名号，其实是一种商业上的宣
传，既满足了人们口腹之欲，又看似有一些文化属性，给
了人们消费的更多理由。

　　而与之对应的，在更大规模和范围上影响大众的，是
各种层出不穷的饮品和从未见过甚至从未听过的食品。但
看其成分表就会发现，大多数不过是咸、甜、辣的味觉刺
激，或者脆爽的口感刺激罢了，再标注一种调和出来的甚
至不属于任何自然食物的风味。这些深加工品已经完全看
不出其原本作为天然食物的样子，更不用说口感和味道。
所以与其说是食物，不如说是一种像食物的商品而已。另
外，那些营养素和代餐品，真的有利于长期健康吗？从天

然食物中获取营养可以被直接食用这些营养素替代，其他
也可以被替代吗？在我看来其带来的也不过是短期的利益
罢了，健康在这里其实只是副产品，而这里的短期利益是
在毫无心理压力的情况下，还能如此便捷地完成吃这件
事，还有什么比这个更省心的呢？就像我再三强调的，吃
饭这个事远远不是补充营养素那么简单，这是一个和身心
相关的事，这是一个和生活相关的事，这是一个和人与人
之间情感相关的事。

　　所以考虑吃什么，与其说是一个难题，是一种择食力
的建立，不如进一步说是选择的机会与权利。在使用这个
机会和权利的过程中，就可以让我们学会平衡短期需求与
长久需求，学会选择即刻的满足还是长久的幸福。

儿童的权利如何通过食育建立？

一说起现在的孩子，很多人认为他们相当幸福——衣食无忧，只需要去上学，参加各种各样的课外班，还可以和家长一起外出旅行。不再像爸爸妈妈小时候，很早就要承担一些家务劳动，甚至因为家里兄弟姐妹多或生活拮据，早早地离开学校进入社会工作。与现在的孩子比起来，他们未曾享受优越的生活，也没有各种学习、活动上的选择。但实际上，现在的孩子虽然看起来有更丰富的生活，但普遍缺乏独立选择的能力，比如我们常常会为沉迷电子游戏而放弃学业的孩子感到惋惜。而与这样的能力相辅相成的，是一种做选择的权利，但实际上现在的孩子拥有的这种权利反而少得可怜。

看起来很奇怪，既然现在可供孩子选择的机会这么多，为何还要说他们没有选择的权利呢？其实，恰恰是因为选

择机会增多了，很多孩子的时间都被父母安排满了，放了
学还有一堆课程、学习计划，填充了孩子绝大部分的时
间，我们的孩子不再像我们童年时那样，有更多的自主时
间。最后虽然孩子掌握了学校学习的知识和一两门技能，
但身体素质比起自主长大的孩子，就差得多了，体育考试
变成了一件头疼的事。

对于现在的孩子，选择的机会确实多了，但大多是由
父母帮着选择的，孩子自己有限的选择仅剩下玩手机、玩
游戏这些不需太长时间就可以从中得到快乐和成就感的事
了。那么基于这样的情况，孩子会出现什么问题呢？自然
就是自主选择的能力变弱了。另外，因为大多数选择都被
父母以长久的幸福为由而包办代替了，所以当孩子自主选
择的时候往往倾向于选择满足短期需求的东西。而且这两
个结果会相互强化，自主选择的能力越弱，成人就越会减
少给予孩子自主选择权利的机会，仅有的机会就会用来满
足其短期需求。当孩子选择短期需求的时候，成人又会认
为孩子缺少自主选择的能力，就会进一步减少孩子自主选
择的机会，从而进一步减少利于孩子提升自主选择能力的
机会。所以说穷人的孩子早当家，也许并不是因为穷，而
是孩子不得不在更多的选择中成长起来，其自主选择的能
力更强。

　　我们给予孩子的教育应该是教他们去面对不确定的未来，如果孩子缺少最基本的自主选择的能力，那么在面对未来那些为人父母没有面对过的情况和问题的时候，又怎能做出适合自己的选择呢？所以我们建议在家庭生活中，不妨借助食育这种教育形式，让孩子在参与家庭生活的同时，有机会进行选择训练，从而提升其自主选择的能力，也让他有机会去学会平衡短期快乐与长期幸福之间的关系。

　　首先学习基本的三色法，这种方法可以帮助孩子建立最基本的选择食物的能力。这样不仅能让孩子有信心对自己的每顿饭进行选择，而且也能让父母用一种简单直观的方法协助孩子掌握选择食物的方法，同时也愿意把这个权利给予孩子。其次是熟练运用三色法，了解色彩背后的营养素对于身体的不同作用，从而可以根据自己的身体需求，或者家人的状况而选择不同颜色的食物。这一过程让孩子不单注意食物本身，也开始注意自己和家人，以及食物对于身体的作用，并更有针对性地选择自己的食物。而这个过程也可以让父母看到孩子是有自我身体管理的能力的，从而进一步支持并给予孩子更多的权利来选择家庭的食物。随着孩子不断接触各种各样的食物，不仅对食物有了更丰富的感受，如最基本的触觉、视觉、味觉等，还了解到食物和自己身体的关系，甚至是食物与本地的关系、食物与时令，等等，进一步了解本地文化。孩子能够从更多的维度去看待食物、食物与人的关系及相互影响，从而进一步促使他做出更适合自己的食物选择。随着孩子在这方面的知识和体验的增加，一方面可能会更多地请教父母关于本地食物的知识，改善亲子关系；另一方面可能拥有比父母更丰富的思考与知识，从而得到父母的更多信任与支持，也便有了更大的权利去改善家庭的饮食。

作为父母，需要有意识地去构建家庭的食育文化。这个不单单关系到我们吃什么，更关系到孩子在面对未知的未来时，是否有能力做出正确的选择。通过食育，让孩子具备做出更适合自己选择的能力，也得到更多基于父母的信任而获得的自主选择的权利。

家庭文化的延续和自我价值观的建立

在一个人身上能看到他所在家庭的影子。尤其是很多孩子对父母惟妙惟肖的不经意的模仿，经常让我们啼笑皆非，也会让人惊叹不已。这种情况常会被称为一种沿袭或者继承，我也认为确实如此。父母给孩子带来的一切，将会是孩子一生的底色。父母给孩子一生最重要的礼物，一个是来自血脉的传承，给予孩子生命；另一个则是来自家庭文化的传承，给予孩子灵魂。

每天在家中的一日三餐，就是家庭文化的传承过程。中国有太多的文化与吃分不开，往大里说，每一家为节庆准备的食物及祭祀用的食物既符合当地的大文化背景，又因每家的家庭文化而略有不同；往细里说，在选择食物的时候，我们对于食物的新鲜程度、时令程度、产地、价格甚至品种等信息的偏好，都会慢慢地如滴水穿石般渗进孩子的心田。在烹饪过程中如何处理食材，要不要去皮过水，要不要择菜去梗，是红烧还是清蒸，是清淡本味还是咸鲜香辣，都会变成孩子重要的童年记忆，影响他们长大后在食物烹饪上的偏好。

我曾经听过这样一个比喻，用积木来比喻孩子未来会长成什么样。在孩子成长的过程中，家庭给了他各种颜色、形状的积木，开始是累叠在一起的整整齐齐的积木堆，这个时候孩子就像是同父母一个模子里刻出来的。而孩子在上学之后，拿到了学校给的积木、社会给的积木、朋友给的积木、陌生人给的积木，等等，此时整个积木堆越来越不稳，于是孩子就推倒了这个积木堆，重新按照自己的想法拼叠起来，而这个时候他就是他自己。这里尤其要强调的是，在孩子的童年时期，家庭必须给予足够多的积木，否则会产生两个后果：一个是孩子的整个积木堆都很小，没有足够丰富多彩的积木用于重建自我，另一个是孩子积木堆中有太多的积木是来自学校的、社会的等家庭以外的积木，所以社会什么样，孩子就变成了什么样。为什么每个孩子都是不一样的？除了父母给予孩子的血脉外，最重要的差异恰恰来自不同家庭的独特文化。一个有着特定家庭文化的家庭，就会给予孩子更多的积木，支持他成为他自己。这个"自己"里，既有和别人相似甚至相同的东西，更重要的是有他自己那些与众不同的东西。

　　家庭文化的传承并不是一种刻意选择或教授，比如父母哪怕不读书也希望孩子喜欢读书，而是一种在生活中的，父母的一些行为习惯对于孩子长期而持续的潜移默化的影响，比如怎么穿衣，吃什么、如何吃、怎么吃。生活中再没有什么像食物这样富含丰富的信息，来让孩子体验到来自父母的三观、审美、饮食偏好等这一切。父母也需要观察孩子从食物上的自然习得有什么问题，从而改善自己的生活习惯。比如孩子经常喝饮料，会不会和父母自己喜欢各种含有大量糖分的食物有关；再比如孩子喜欢吃重口味的食物，会不会和父母在烹饪过程中口味重有关。这种文化的传承同样是一个家庭学习与反思的过程。

　　随着生活节奏的加快，我们可能在家做饭的机会越来越少。这是事实，但当我们决定不在家吃早餐的时候，真的只是换一个地方吃饭的问题吗？尤其是有孩子的家庭，父母越来越少地在家共餐，可能对于亲子关系的维护、家庭文化的传承及对孩子的成长都会存在很大的风险。当儿子或者女儿在夜幕降临时，给我们打电话，问我们回不回家吃晚饭的时候，希望我们能明白，这同样不只是一个简单的问题，而是一种来自心灵的渴望和呼唤。

通常来讲，学习的过程有两种情况，一种是别人先告诉你概念，然后你通过大量的练习来掌握这个概念，这样的方法在学校比较常见，比如数学。而另一种则是你自己先经过大量的真实体验，然后亲自或者在别人的协助下一起总结归纳出概念，这样的方法在一些生活常识的学习中比较常见，比如收纳。这两种方法各有利弊，前者更容易从学科的角度掌握知识，后者更容易从实际遇到的问题出发去解决问题。但如果持续地只用其中一种学习方法，前者就容易脱离实际生活而只有理论，也很难把理论付诸实践，而后者就容易不断地重复解决相同的问题，不能归纳总结成一种更具有宏观性的方法体系。

在我们现在的生活中，绝大多数孩子都在学校里进行学习，而在生活中学习的机会非常有限，这就类似于只有

080

从概念到练习的过程，而少了从实践到总结的过程。孩子不但对学习越来越缺乏兴趣，而且即使看似掌握了某一概念，也因为难以结合实践，而在运用中僵化死板。这也是为什么要在当下提出孩子需要基于真实生活的学习的原因，孩子需要不断地在家庭教育中学会从实践中进行归纳的学习方法，这样才能对学校教育进行针对性的补充，从而让孩子真正而长久地学习。

食育作为一种生活教育、家庭教育，其最佳的场景就是在家庭生活中。让孩子在一个舒适、信任的环境下，进行大量重复的、有趣的且有实际意义的家庭工作，从而让孩子有更多的机会去适应成长中的身体，伴随身体的成长锻炼各种品质，通过五感（视觉、听觉、嗅觉、味觉、触觉）去感受外在世界的缤纷多彩，去思考有趣的自然现象，等等。这个过程的目的不是让孩子像科学家或者艺术家那样去研究问题与进行创作，而是像探险家或冒险者那样不断地锤炼自身，充满好奇与勇气，并探索这个对他们来说未知的世界。

当然，我同样支持与提倡其他基于生活的教育，但是能有这么多的实践机会，与我们的本土文化有这么深的联结的，除了吃，估计也没有其他了。我们每个家庭中都有厨房，我们的爸爸妈妈都对家的味道印象深刻；我们每天有一日三餐，我们小区楼下可能就有菜市场；做饭前要准备，做饭后要收拾，做饭本身还可以不断提升照顾自己的能力；不同的季节，市场卖不同的食物，不同地方的人吃不同的食物；食物是自然给予人类的恩赐，具有不同的形状、色彩与结构，等等。**如果食物是一所学校，那么我们每个人都在里面学习了非常多的知识，而且这还是一所包罗万象的学校，不仅有人文地理，还有社会人情、自然科学、文化艺术，等等。**

当我开始认真地研究食育时，就已发现这是一所从生活中生长出来的学校。我总是想起爸爸在我小时候常说的"一辈子学穿，三辈子学吃"，哪怕到现在，对于青岛周边的食物，我总是找我爸咨询。所以说，食育是一种基于真实生活的学习，它既能为我们的孩子打下强壮体格的基础，又能给予他们丰富的实践经验，让他们从真实生活中拥抱知识的海洋，成为一个终身学习者。

食育把社区的妈妈们聚在一起

　　没有谁能代替妈妈在家庭中的作用，因为我们的文化给了妈妈这个角色太多的想象和期待。她是丈夫温柔的港湾，是家庭工作重要的执行者和支持者，是孝顺父母的女儿或媳妇，是孩子的养育者和教育者。所以妈妈作为一个家庭文化的传承者，在一个家庭的延续中起着不可替代的重要作用，比如妈妈们会想尽办法在任一场景中培养孩子优秀的素养和品质；又比如妈妈们会选择更适合自己孩子的教育。另一方面，妈妈同时作为家庭工作的主导者，代表着家庭来面对大量的社会问题，比如选择安全的食物，应对空气污染对家庭的侵害，等等。

　　如果是职场妈妈，可能很难很好地完成这些工作，所以越来越多的妈妈选择全职来面对家庭工作，以期更好地抚养孩子，改善家庭环境，但依然存在不少问题。UC 大数

据曾发布国内首份《中国妈妈"焦虑指数"报告》，其中
焦虑情况和职业有较高的相关性，除了从事金融和互联网
的妈妈以外，全职妈妈成了最焦虑的妈妈群体之一，从中
可以看出，全职妈妈们并不会因为全心全力去面对这些家
庭工作就比职场妈妈更轻松，她们依然要为孩子的健康和
教育、夫妻关系、家庭安全、家庭经济等问题操心。

并不是妈妈的时间、精力投入得不足，而是哪怕全身
心地投入家庭工作，很多时候也是力不从心。妈妈们联合
起来去应对大家所关心的孩子健康、教育、安全问题就显
得尤为重要，这可以帮助妈妈们解决单靠自己很难处理的
问题。而食物恰恰是一个很好的载体，能把妈妈们集合到
一起，在不断的接触中互相熟悉，从而进一步加深彼此的
了解与对共同关注问题的认识，从而形成一个能够相互合
作与支持的互助小组，支持每一位妈妈的家庭工作。

在台湾就有这样一个例子，妈妈们的小组叫主妇联盟，
来共同解决妈妈们的各种问题。她们已经开始尝试以食物
安全作为切入点的食育活动。而在青岛的一个社区，这里
的妈妈们也通过食物走到了一起。她们最初是因为共同关
注社区的家庭厨余垃圾问题而走到一起的，共同学习厨余
垃圾的堆肥与利用。然后她们不满足于只是处理垃圾，而
将活动范围扩大至在不同节气带着孩子一起准备相关的食

物和仪式。她们不断认识社区中更多的妈妈，现在已成立了一个叫芝麻团的社区妈妈互助小组，这个小组不再只关注厨余垃圾与节气，还涉及妈妈们需要知道的育儿知识，主要活动包括教育心得的分享与交流、儿童健康知识的学习，等等。夏天到了，考虑到社区妈妈们都要照看孩子，她们就想自己办个夏令营。根据不同年龄的孩子，设置不同的主题，为小一点的孩子组织亲子做食物，为大一点的孩子设计有意义的但更具挑战性的工作。在这个过程中，妈妈们不但可以一起带孩子，而且可以进一步观察其他妈妈带孩子的方法，互相学习与交流。有了这么多的玩伴，也有了针对他们不同的主题，孩子们也不再只是自己单独玩。在费用上，因为是妈妈们合办的，所有的成本都清清楚楚地公开，大家平摊成本，比送孩子出去参加夏令营便宜了许多。

妈妈们聚在一起，无论是孩子的健康、教育，还是安全，都可以做得更多更好，而妈妈们也可以在互相帮助的基础上彼此学习。这不单是在分解一个小家的工作，而是在共同营造一个更好的社区氛围，以让生活在这个社区的孩子们健康、快乐成长。对于妈妈来说，有时候很难平衡自己的工作与家庭，能与邻里的妈妈们抱团来面对家庭中的各种事务，不但能达成对于孩子健康、教育、安全上的诉求，更能够大大降低每位妈妈在这方面的投入与焦虑。
食物正是妈妈们共同工作的一个很好的渠道与媒介，往往
一起做一顿饭的工夫就能认识好几个妈妈朋友，便能慢慢
解决单靠一个人无法解决的问题。你还在等什么？快快邀
请隔壁邻居的妈妈们一起来开展食育吧！

站在教育公平的角度设想食育

　　在做食育之前，我和丹娜都在教育领域的非营利组织工作，就是我们常说的草根公益组织。在这个领域中，我们看到太多的孩子因为当下教育资源分配不均衡，仅能享受到九年义务教育。与之对应的，却是因为留守或者流动导致的家庭教育的缺失。这一点在一些乡村尤其明显，村子里大多只有小孩和老人，还有就是乡村教师。在开始做食育以后，我还在一些非营利组织做一些支持性的工作。在一次读书会上，一个非营利组织的核心志愿者说，他本身有着还不错的工作和生活，但是当看到那些因为没有良好教育资源而导致行为偏差的孩子时，就想到他的孩子和这些孩子是共同生活在未来社会中的，如果他们不能和平共处，甚至不能互相理解，结果会怎样？所以他不能无动于衷，他变成了一个教育公平的倡导者和实践者。有些事我们总觉得离我们很远，但其实离我们很近。

从最早做食育研究，我们就带着一种对教育公平的期待，实际上食育也确实在很多方面启发了我们对于教育公平的理解和看法。或者说，我们认为食育可以推进教育公平，尤其在中国这片广袤的土地上，那些缺少教育资源的乡村，也同样拥有自己的自然物产与风土人情，而这些恰是开展食育的基础。甚至可以说乡村地区有着比城市更深厚的对自然物产的理解与对风土人情的保留，因此在食育这件事上，教育资源可能是优于城市的，这也相当于在乡村发现了一种新的教育资源，可以弥补传统教育资源分配上城市和乡村的差距。

另外，因为食育是基于本地的自然物产和风土人情的，所以最佳食育老师的人选恰恰在本地，只有本地人才会对本地的自然物产和风土人情有深刻的理解和情感，也才有沉浸在这个环境中而自然习得的理解和感受。也让对于老师人选的确定过程，不再纯粹基于一种专业能力，而更多地要考查其与一个地区及其文化的联结深度。反过来说，本地人对本地知识是通过在这里生活而自然习得的，再加上每个家庭都有自己做饭的传统，所以几乎每一个本地人都有成为食育老师的潜质。只需要学习掌握儿童发展与教育技术等方面的知识，就可以成为一名优秀的本地食育老师。

食育这种形式唤醒了本来并未出现在教育视野内的两种乡村资源，一种是乡村中丰富的自然食物资源。当食物变成一种教育资源，就像我们学校中的教材，其中蕴含的自然的讯息、生存技能、艺术性的色彩与形状，等等，就会成为孩子最好的启蒙素材，让不同地区的孩子在不同的食物中找到自己感兴趣的东西。另一种资源就是本地的成人，甚至是留在乡村的老人。食育这种通过深挖人与食物的关系、互动给予孩子成长的支持，使他们成为本地最有价值的食育老师资源。在这片土地上更年长的前辈与这些食材有着更深刻的情感联结，对本地文化有着更深的理解，让他们成为支持本地孩子成长的领路人和榜样，还有什么比这更美好的事吗？

原本我们以为从城市流向乡村的才是更好的更优质的，但食育对这一观点进行了有力的回应。在城市中，可能经济更繁荣、资源更集中，但并不代表乡村没有优质的教育资源。提出食育这一种新的教育形式与教育理念，就可以让我们重新发现原本常见但并未作为教育资源的本地食物和本地人。乡村作为现在教育资源相对弱势的区域，也会越来越多地从教育的角度挖掘出与城市不同的有价值的教育资源。所以我始终相信，会有一种教育，是能支持到每个孩子成长的，无论他在城市，还是在乡村。我对食育的热情和探索也会一直沿着这条路持续下去，永不停歇。

Chapter Three

第三章

环球食育对
家庭的启示

03

为什么都在倡导食育？

大年三十晚上，一大家人其乐融融，围着桌子边聊天边包饺子，一个小男孩吵着要加入其中。

一个大人说："等你长大了再来帮忙，好不好？"小男孩坚决地摇摇头。

另一个大人说："你去别的地方玩，好不好？"小男孩想了想还是杵在那。

最后孩子妈妈看不下去了，给了孩子一块面团儿，让他拿着去玩。

小男孩接过面团，开心地玩起来。

以上场景是那么熟悉，就像发生在每个家庭聚餐中的故事。有时候是男孩，有时候是女孩；有时候是包饺子，有时候是包汤圆。

这些都不重要，重要的是大人一遍一遍地用各种理由拒绝了孩子对厨房、对烹饪的好奇心，最后，当这些孩子长大了，已经习惯于大人安排好自己的食物时，我们又开始责怪他们自理能力太弱，连饭都不会做。

在国内，食育本身还是个很新鲜的事。在做环境保护的人那里，食育变成了自然养育。在关注营养健康的人那里，食育又变成了健康教育。在做早期教育的人那里，食育又变成了生活与自理教育。在本书中，我们倡导的食育就是针对孩子的食物教育。就食物教育这件事，在世界上别的国家又是怎么做的呢？能不能给我们带来什么有益的参考呢？

日本的食育可以说是亚洲食育的一个代表，其本身既包含了生命、自然、感恩这样的人类通识文化，又包含了均衡、协作、饮食习惯这些具体的生活文化。

日本的食育是在二战之后开始的。随着经济的高速发展，市场上可消费食物的极大丰富，反而带来了大量儿童的肥胖与更多的疾病风险，再加上当时不断涌现的食品安全问题，最终日本政府推出了第一部以食育为中心的法律——《食育基本法》。这部法律从宏观上确定了每五年制订一期日本食育推动计划，基本上覆盖了儿童与食物接触的全部场域，自此幼儿园、学校、农场都有了食育的内容。

所以我们越来越多地看到各种媒体上报道日本的学生在学校中帮厨、分餐，在农场忙碌地参与播种、采摘等活动，而这些恰恰是《食育基本法》里明确规定的内容，政府通过立法保证了每个孩子都能接受到优质的食育。

英国的食育是在烹饪技能学习的基础上，向种植与采集进行了延伸。其更为强调通过烹饪技能的学习，让孩子学会更好地照顾自己。另外与日本显著不同的是，英国的食育最早是由社会力量发起，在推动的过程中得到政府的认可与支持，从而先是得到了部分资金上的支持，而后政府又从立法与政策上进行鼓励。而这一举措也大大加快了英国食育的发展。

现在英国的中小学基本都有各式各样的烹饪课程，所以各式各样的食育内容也往往是在学校进行的。一个在英国留学的朋友提到，他接触过的英国学校都是有烹饪课程的。课程内容可能是提前给出菜谱让孩子们预习，而烹饪的材料其实很多都是预调好的面粉，只要上课时加上鸡蛋、牛奶搅一搅放烤箱里就可以了。所以这些课程并不困难，也并非要通过这样的过程把孩子培养成厨师，而是通过这些烹饪过程，让孩子学会基本的技能，从而达到关心自己吃的食物，更好地照顾自己的目的。

意大利位于文明历史悠久的地中海沿岸，其食育最核心的东西是对抗快餐文化的"慢食"理念。越是像意大利这样有着丰富的传统饮食文化的国家，受到当今时代快餐文化的侵蚀就越严重，随之而来的本土饮食文化的流失也就越严重。一方面原生农作物被更高产、更高经济效益的农作物所取代，另外一方面是基于本土自然物产的本土小吃的消失——意大利慢食协会的成立契机也与此有关。与之相对应的是附着于这些本地农作物与小吃上的文化习俗和人际关系。所以意大利的食育是对抗快餐文化的，是旗帜鲜明地用一种慢理念来保留本土物产、本土食物以及本土饮食文化的范本。

浪漫的法国人开始从最基本的五感来去认识食物与烹饪，让食物成为孩子对这个世界建立感知的最初手段。快餐文化除了给我们带来各种各样的便捷食物之外，就是在我们的采购清单中潜移默化地塞入了大量的糖和油脂。以至于我们大多数人都会下意识地选择那些更甜的食物——糖果、甜品、冰激凌，等等。而不断地食用含糖高的味道重的食物，会慢慢弱化我们对于食物本身味道的感知。法国的食育恰恰基于这一点，更多地引导孩子去品尝真实的食物，运用五感从不同的方面感受不同的食物，从而唤醒每个人本身的知觉，成为一个能感受、会感知的人。

美国的食育建立在快餐文化的风靡与对快餐文化的反思这一大背景下。这一方面得益于近代美国农业、食品工业的飞速发展，极大地丰富了市场上各种食物的供应，也催生出了大量成为美国文化标志的食物——如可乐、汉堡；另一方面这些快餐也成为美国文化中必不可少的一个符号。但这带来的代价就是食品市场上充斥着大量高盐、高糖、高脂的深加工食品与含有大量的糖和色素的饮料，越来越多的孩子因此而饱受肥胖、高患病风险的困扰。所以美国的食育是接触真实的食物，是种植，是烹饪，是在与真实食物的接触中了解真实食物的味道，建立人与自然、人与人之间的联结。

食育本身是一个很有趣的命题，在不同的文化土壤里，开出了截然不同的花朵。日本的立法、英国的烹饪、意大利的慢食、法国的感知、美国的反思……无一不是其基于本土文化与面对社会问题所给出的答案。

基于生活的食育，包罗万象的食育

食育是一个很大的命题，它与人们的生活密不可分，也反映在我们日常生活的方方面面。下面我们就从不同的角度来了解一下食育以及可以从哪些层面对孩子进行食育。

不同食物下的食育

"食物"本身就是一个很有趣的词，就像我们生物界中的食物链，很多动物同时处在食用者和被食用者的角色中。处于食物链的顶端与杂食性这两个特点，构成了人类复杂的食物体系。

一本关于食物烹饪的著作《食物与厨艺》，就将人类所有的食物分成了蔬、果、香料、谷物、奶、蛋、肉、鱼、面食、酱料、甜点、饮料十二个大类，单从这点上就可以看出食物本身的复杂性。

从清秀的日本料理、经典的法式大餐到山东的煎饼、广式的点心，再到中国大地上家家都看似相近其实不同的家常菜，无一不是交融了食物与人本身复杂性的体现。因为各地不同的气候，产生了不同的自然物产，我们加以食用的过程碰撞出了各地各具特色而又土生土长的本地饮食，以及基于饮食的庆典、祭祀等不同的文化。这就是人与自然交织影响的历史，人既是自然中的一部分，又与自然在不断的互动中产生了不同的文化，而饮食文化对于不同地方的人的滋润与影响，恰恰是食育重要的组成部分之一。

不同名字中的食育

食育的兴盛，和人类本身的食物生产能力极大提升与丰盛有着密切的关系。而在食物供给空前繁荣、人口流动和文化交流愈加频繁的情况下，越来越多的饮食文化出现了对抗与交融。在这样的大背景下，"食育"这个词应运而生。但如果追溯源头，从《黄帝内经》中的"司岁备物"到孔子所言"不时不食"，都是真正在影响着我们家庭的饮食习惯。虽未称之为食育，却更胜食育。而食育所蕴含的"以食为师"的理念，在现代亦有多个不同的称呼。饮食教育，重一饮一食之过程；食农教育，重田间地头之实干；食安教育，重选择食物之安全……不同的名字能看出不同的侧重点，也能看出食育本身的复杂性，这也恰恰反映了人与食物之间复杂的关系。不同的地域、文化虽都有食育的践行者，但因为基于其所在的地域背景，在实践过程中也各有所侧重。但食育一定是绕不过两个关键点的：一个是食物本身，而另一个就是人。所以食育也是一种关于人、关于食物、关于人与食物之间关系的教育与反思。

不同侧重点的食育

不同的问题，导致了不同侧重点的食育。各国及各地区在食育的不同环节中就有了不同的设计，比如日本的食育注重儿童参与厨房工作及耕种采摘，英国的食育注重儿童参与食材的加工与烹饪，意大利的食育会组织各式各样的食物文化研讨会，而美国的食育就更注重食用真实的食材而非深加工半成品。

这些不同的特色与侧重，回应的是其所面对的不同的问题。在食育过程中，我们身边真实的生活场景与食物在

流通中的各个环节，与儿童在食育中所习得的技能以及更
深层的反思深深地结合在了一起。

生活场景	食物流通的环节	儿童学到的技能	深层次的反思
农场里种植	种植与采集	食物种植、采集的方法	人与自然的关系
菜市场里买菜	消费与购买	与人交流、选择食物的方法	人与人的关系
厨房里做饭	加工与烹饪	身体控制能力、食物加工烹饪技巧、选择食物搭配的方法	人与食物的关系
餐厅里用餐	食用的过程	饮食习惯、进餐礼仪、与人交流的方法	食物与文化的关系
垃圾回收利用	排废与再利用	剩余食材的收集、处理、回归自然的方法	人在自然中的责任

也只有这样密切的联结，才有可能给成年人以启示，
给孩子以成长的滋养。也只有这样从生活场景中土生土长
的食育，以及通过这种食育不断地学习与思考，才能让我
们的孩子成长为人。

外国的食育，本土的食育

　　祖辈忍饥挨饿，吃了上顿没下顿；父辈食物匮乏，可选择的食物不多；孙辈不仅温饱无忧，山珍海味天天有，美味佳肴日日新。这样的三辈人对食物的看法完全不同，在吃这件事上，态度和选择也常有分歧。

　　这不是我们目前所面对的唯一食物问题，而是千千万万个关于食物的问题之一。那么这些不同地区的食育面对的又是怎样的问题，又是如何解决这些食物的问题的呢？对我们在家开展食育又有什么启发呢？

英国食育

　　英国最有名的食育项目是校园菜园计划，该计划认为食育之所以如此重要，因为以下三点：

- 当孩子学会了烹饪，他自己就会选择对自己更有利的食物，也会知道怎么吃最好；

- 食育教给我们的是人生中最重要的一个技能，其重要性不言而喻；

- 孩子参与种植和培育水果、蔬菜，会让他们更喜欢吃这些食物。

从英国的食育来看，他们面对的情况可能是孩子完全不了解自己的食物，更别谈选择和制作适合自己的食物了。虽然英国的食育计划主要针对的是学校，但它从最务实的种植和烹饪开始做食育，是最符合生活化的食育。食育和其他教育形式最大的不同也正在于此，对于知识、技能、经验的学习和掌握可能有不同的最佳时间，也就是我们常说的敏感期。但食育恰恰是最生活化的，一日三餐便是食育最日常的场景。

如果我们没有用教育的思维来设计吃的过程，那么孩子自然而然也能从食物的选择、加工、烹饪、进食一系列的过程中学到东西。只是这种学习可能会受到商业的影响而更倾向于满足口腹之欲，也可能需要我们付出健康的代价。

而更好的办法就是让孩子从小就加入到家庭食物的准

102

备过程中，从种植食物或者购买食物就参与，到清洗、加工甚至烹饪每一天的食物，也只有这样，孩子才能具备选择适合自己食物的能力，从而用健康的身心去面对成长过程中的困难与挑战。

所以现在就邀请孩子一起加入到家庭的饮食生活中来吧，当然如果能在阳台种点食物就更好了！

日本食育

在日本《食育基本法》中，如是说道：

- 为了让孩子们了解丰富的人性，掌握生存下去的力量，食物比什么都重要；

- 对食物的教育，是人活下去的基本需求，是比起知识、道德、身体的教育来说更基础的东西；

- 只有通过各种各样的经验学会了食物的相关知识和选择食物的能力，才能实现健康的饮食生活，并最终养育孩子成人。

食育到底值不值得做呢？就凭我们当下所遇到的那个三辈人之间的矛盾，食育就值得做，而是必须要做。日本政府开始做食育的时候是因为儿童肥胖、食品安全等问题突出，但这么大力度地推动了十多年，也只是在部分领域产生了明显的效果。所以具体怎么做，谁来做，这都是问题。但归根结底，食育这件事离不开社会各个部分的参与，也离不开学校与社区，更离不开家庭。但最离不开的就是我们自己的行动。毕竟，明早吃不吃早饭、吃什么早饭这个问题，还是要我们自己决定。

在日本推行的食育计划中有这样两个指标：不吃早餐的居民比例，以及和家人共进一餐的次数。前者，因为工作或者学习的繁忙而不吃早餐甚至长期不吃早餐其实并不是个例，这在任何一个国际化、快节奏的城市里都是一个常见问题。但作为一个全国性的食育推动计划竟然把一个在我们看来如此习以为常的现象作为一个关键的指标进行检测，自然是有其背后明确的原因：已经有太多的科学研究证据表明，不吃早餐除了带来长期的健康风险外，甚至对当天的情绪、态度、认知方式都有直接的影响，而这些直接影响了我们的工作和学习的效果。换句话说，当我们工作效率低下或者后继乏力时，当我们学习遇到问题甚至挫折时，可能背后的原因就是没有吃上一顿最起码的早餐。

104

　　另外，与家人共进一餐这个指标也值得注意。为什么国家性的计划关注家庭中和谁一起吃饭的问题？在我看来，这个指标的目的恰恰在于改善家庭关系。

　　在我们研究食育之后，经常和朋友讨论一个现象：为什么现在家庭关系出现越来越多的问题，比如亲子关系的问题。很多人说现在的年轻父母自己还没长大就开始养孩子了。但是以前的生育年龄比现在要早，以前的父母就比我们当下的父母更成熟么？显然不是。我认为亲子关系的问题很有可能和现代家庭中共餐次数的减少有着直接的关系。

　　通俗地讲，家人之间共进一餐的机会越少，也就意味着互相之间沟通和交流的机会越少，而且随着现代社会中职业、工作的分化，我们越来越难互相了解与理解，自然也就谈不上亲密关系。所以共餐这件事，从关系的角度上讲，真不是一个纯粹的形式，其对家庭关系、家庭文化都有着直接的影响和作用。

　　所以对于在家对孩子进行食育的妈妈来说，并不需要什么高大上的计划，只要坚持每天好好吃早饭，经常和家人一起吃饭，就是对孩子最好的食育。

意大利食育

意大利食育中最有代表性的组织慢食协会是这么介绍自己的：

- 基于食物所带来的愉悦感和文化而开展教育。
- 慢食协会的教育计划是适用于大多数公众的。

不得不说慢食协会是一个相当庞大的组织，其代表的慢食文化更是形成了一个更巨大的联盟。从 1989 年成立至今，慢食协会不只像一枚钉子一样狠狠地钉住快餐文化在当地的发展，更是举起了倡导"慢"文化的大旗，引起了人们对于传统食物与食物文化的思考。可以说他们遇到了快餐文化冲击传统饮食文化的问题，但他们又用传统食文化很好地回应了现代人的需求。

慢食协会让人们从单纯地追求"快食"中刹住了车，开始重新反思"慢食"的意义与价值。"快"的背后是什么？我们现在经常说自己处于一个快节奏的生活氛围中，感觉自己的工作和学习都很忙，但是我们是否思考过"快"背后真正的推动者和得益者。

或者说，当我们选择了快节奏的生活，是否清楚地知道，相对于"快"给我们带来的回报，我们失去了什么。

- 我们辛苦赚钱养家，却因此没有时间与家人共进晚餐；
- 我们累了病了会想起小时候做饭的味道，却未曾在自己家给予孩子这样的经历与感受；
- 我们在外面胡吃海喝，却还怪罪孩子暴饮暴食再加挑食，不知道注意自己的饮食；
- 我们一边在快节奏的生活中享受速食，一边批评孩子成天吃零食、喝饮料也不知道节制。

快餐文化带来的最大冲击，就是让我们放弃了传统的饮食习惯。表面上看我们只是在吃的习惯上改变了，从在家自己做饭吃变成在外就餐或者叫外卖；原本去菜市场或市集采买新鲜的时令蔬菜，到直接驱车去大型商超购买洗净处理好的可能是反季节、非本地的蔬食，甚至是各种半加工、深加工食品。

当我们稍微往深层次想想，就会发现快餐让我们越来越少回家吃饭了，那家的文化与家人的关系如何形成与维系？我们越来越少认识卖我们蔬菜的商贩，更不认识哪些是本地时令的蔬菜了，那我们自己和孩子如何了解并融入我们生活的地方？当我们越来越少自己做饭，孩子哪有机会去参与家务并学会照顾自己？当我们越来越少吃那些真实的没有加工过的天然的食物，而选择那些半加工、深加工的食品，那孩子会不会沉溺在那些放了大量盐糖油的食品中？他们又怎么知道什么是真正的食物？

这些又真的是我们清楚地自愿放弃的东西么？所以，家庭食育的开端并不是向家庭以外寻找，而是妈妈重新系上围裙，给孩子制作妈妈小时候经常吃的"姥姥的味道"。

美国食育

美国的"从农场到校园"运动非常明确，希望通过这个运动教会孩子四件事：

- 食物从哪来；
- 真正的食物的味道；
- 如何以环境友好的方式种植和收获新鲜的农产品；
- 如何通过食物联结文化与社区。

美国食育给我印象深刻的东西，一是从吃到价值观的建立，二是互助式的食育设计与支持。很多教育形式，都有着一定的门槛。这个门槛会要求我们具有一定的专业性，当达到一定的专业度就可以从现在这个级别升级到下一个级别，我们要通过不断的刻意练习来提高自己的技能水平。

　　但食育最大的不同便体现在这里，仅仅是对"吃"这件事有意识，我们就会从每天的吃中学习到大量的东西。如果能认真地吃，或者是参与到吃之前的各种准备，则会收获更多。当然如果我们能围绕食育进行学习，则可以让孩子除了吃本身，得到更多的关于食物的观察、感知与思考，继而参与到家庭的食物消费、加工、烹饪的环节中。于是孩子有更多的机会单单从吃这一件事上就学习到生活中的各种常识与对应的专业知识、技能。

　　而食育因为其本身日常化、普适性、在地性的特点，所以任何人都可以基于自己的独特经历与感受体验，设计一堂食育课。一方水土养育一方人，其背后的逻辑是一方水土养育一方食物。每个地方，同座山的山上山下，甚至同片水的河口湖边，距离再近都有可能因为环境位置的不同而产出不同的食物。再加上每个人对不同食物的感受、偏好，最后就形成了每个人的独特感受，而这恰恰是食育课程设计的重要基础。

　　而这样的多元性恰恰也决定了单靠一两个专家是无法设计出丰富多样的食育课程的，如果每个人都参与到这个过程中，那么每个人都可以设计出属于自己的独特而有趣的课程。比如妈妈根据自家情况设计的食育课，就是对孩子最好的滋养。通过食物来辅助教育，可以让家庭教育变得丰富多彩起来，可以让孩子在边参与家庭饮食的工作中，边寓教于乐地自然习得关于自然的、关于自家的独特味道。

什么是食育，什么不是食育

三月初开始种豌豆苗，放在盒子里，每天浇水。

因为豌豆比较多，而盒子又不大，所以就分开两盒种，每盒豆子上盖一张纸，都放在基本见不到阳光的地方，然后就这么过了几天。

结果都是每天喷水，一盒长得很快，没几天就一齐把上面的那张纸给顶起来了，甚是喜人。但另一盒却长得不高，还参差不齐。

差不多又过了几天，那盒长得高的都超过十厘米了，找了一个天气晴朗的早晨，就认真地栽到了地里。然后瞥了眼剩下那盒"发育不良"的豌豆苗，想想都出芽了也不容易，都种了吧。

到地里可就是天生天养了，豌豆苗们都自力更生地过了十来天。

可是过几天再去地里转转，那些长得高的要么自己断了腰，趴在地上黄了一半，要么就是在看起来营养不良的细长的茎上才长了两三对叶子。再看那些原本发育不良的，一片翠绿，虽然个子还是不高，但叶子繁茂，茎也早已分叉。

所以有一个词专门形容这样的情况——徒长，简单说就是植物就只长高，反而不健康了。

之所以讲这个故事，是因为我觉得身边有很多孩子也是"徒长"，看起来比上一代人长得更高更壮（可能更多是胖），但实际上既不擅长运动，不具备很好的平衡感，也没有掌握很多接地气的生活技能。虽然看起来比上一代人更好，但实际上这一切只停留在表象。因此我们有必要先讨论一下食育中的第一个问题——营养是食育的核心么？

食育并不是营养教育，但一定是技能教育

很多人听到食育，首先想到的一般是营养，或者直观地想到是关于吃饭的教育，基本上就是一种以食物的营养、人体的吸收为中心的教育类型。但实际上据我目前的了解，无论在哪种文化背景下，营养摄入本身并不是食育

112

的核心内容，而多数食育计划中涉及营养的部分往往强调的是营养的均衡摄入，而非我们以为的对营养知识的学习。

相比之下，对于烹饪技能的要求，却大大出乎我的意料。每一项涉及儿童食育的计划中，都明确地提到儿童学习烹饪，要达到的既定技能目标。甚至英国的校园菜园计划也明确提到之所以认为食育重要的原因之一，即食物教育教给我们的是人生中最重要的一个技能。这点可能与我们的传统认知大相径庭，我们往往认为孩子只要在学校好好学习文化知识就好，而只有学习不好的孩子，才会去专科学校学习烹饪以掌握一门吃饭的技能。但是在这些食育计划中，往往有一个共同的观点——孩子在童年掌握烹饪这个技能，对其成长有不可估量的益处。

食育并不只是学校的事，而是整个社会里每个人的事

就前文提到的这四个国家的食育现状来看，学校开展的食育课程是一个非常重要的组成部分，但依然少不了家庭、社区、政府、社会组织等各个方面的协力配合。

毫无疑问，学校是孩子受教育的主要场所，所以当

我们意识到孩子需要食育的时候，第一步就是支持学校建立起食育课程；但学校作为一个公共场所自然也有其局限性，让孩子在更充满安全感的家庭中参与烹饪，恰恰是食育回归生活的基础；社区中的公共空间、农场等场所，可以让孩子有参与种植、生产、食用设计等更直观的体验，建立更广泛、更深入的兴趣，还可以增加孩子的社会参与感；政府发布的相关政策，可以为食育行业的发展推波助澜（比如日本的《食育基本法》），社会组织的参与，可以从更全面的视角去辨别食育所能解决的社会问题与家庭个案，更具针对性地利用与发展食育的优势。

所以食育，是一件与整个社会都有关系的事。小到自己的家庭，大到社会组织、政府以及整个社会，都可以成为食育推进中的一个重要的组成部分。所以不要小看自己的参与，要尝试在家鼓励孩子参与烹饪，支持社区或者孩子的学校开展食育活动或者课程，积极推广食育理念以改善身边小圈子对食物与教育的看法。台湾有一个叫主妇联盟的组织就在食育上做了很多工作，妈妈们联合在一起，从而让更多的孩子受到了更加优质的食育。

食育本身的目的并不是为了教育，而是为了生活

美国可食校园计划中提到了为什么要教孩子们烹饪，即开办食物教育课程的目的是使学生获得相关知识和形成价值观，从而能够自主挑选健康的、社区友好的以及环境友好的食物。在这个过程中，孩子们还能增强沟通能力、自我与社区管理能力，收获灵活度、坚持不懈等生活品质。

我们现行的学校课程，往往是以教授一些抽象的学科知识为主的课程，这种教育体系本身是为了教授知识。而食育是生活教育的一种，通过对必要的生活技能的学习，让孩子体验必要的感受，积累重要的生活经验，以形成有助于其成长的品质。所以，食育既是一种回归生活的教育，更是一种回归教育的生活。

因此，可以说，以上三点归纳让我们重新理解了食育：食育并不是营养教育，也不是学校开设的一门课程，甚至并不是一个单纯的教育类型。它是在汇聚了社会各个方面力量的基础上，通过使孩子参与生活必要技能的学习与实践，实现以生活来促进教育，再以教育来回归生活的目的。

　　看似简单的吃饭问题，实际上却涵盖了食物与人的方方面面，而食物本身的丰富性也大大拓展了教育的内容与形式。尤其是在家中，作为孩子的妈妈，完全可以借助食育的理念把饮食生活的方方面面融入家庭教育之中：可以带着孩子一起买菜，可以和孩子一起烹饪，可以在餐桌上聊一些妈妈的妈妈做饭的故事，将知识的灌输、品质的培养、生活经验的传授全部融汇其中，在其乐融融的环境中让孩子享受高质量的生活式的陪伴与家庭教育。

在生活中开启自己的食育之旅

　　前段时间我在网上搜索一些日本的食育论文，正好找到这篇——《对"吃"行为的意义的讨论——通过对"幼儿与食物"的文献的分析》（《「食べる」行為の意味づけの検討－「幼児と食」をめぐる文献の分析を通して》），感觉如获至宝，简单说这篇论文就是讨论关于儿童与吃这两者已有的研究到底都研究了什么，当时就觉得很接地气，然后打开就看到了这张图（见下页）——原来吃这件事和我们的生活有着这么千丝万缕的关系。

　　有一次和一个朋友一起去买菜，我买菜喜欢挑选新鲜、饱满的蔬菜，价格上觉得差不多就可以，但是我这个朋友就觉得那些开卡车卖的菜可能是农药、化肥养大的，不安全。然后就拉我去一些小菜摊前，那里摆着几小捆不同的菜，卖家说是自家种的，所以卖价也是那种大车上菜价的

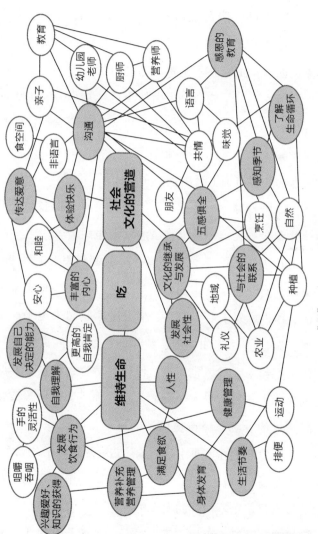

"吃" 这一行为的意义

118

几倍。当时我觉得朋友说得有道理，但是转念一想也不对，当地的农民喜欢用人畜粪便施肥，里面也积累了大量的毒素，而这些毒素并不是都能通过自然分解的，这样种出来的菜敢吃么？不知道。因为像我这样从小并非生活在农村的人，对于这样接地气的事半点经验都没有。这些东西能从学校里学到么？我很疑惑。

后来我发现市场上会出售一种与众不同的菜——野菜。我觉得很难给野菜下一个定义，因为野菜也有很多种，荠菜、蚂蚱菜、苦菜等一大堆，虽然以前也跟着家里人一起吃过，但真正自己第一次买、第一次做都是发生在最近。买野菜就没有之前那些苦恼，因为那些野菜大多是卖家上山挖的，所以顿觉安心了很多。但是野菜吃起来也确实麻烦一些，杂质多（比如尘土、黄叶什么的），吃之前要用热水焯，吃起来纤维感也更重。但也突然意识到是不是原生态的植物大多是这样，而我们常吃的那些菜是被改变过或者精选过的食物？城市提供了大量的食物让我们选择，但实际上就像我们在网页上看到的广告——看似杂乱无章，但实际上都是已经被人设计过的。而吃野菜给了我们一种与吃其他常见蔬菜不一样的安全感。

说起野菜不得不再提一下包饺子的槐花。有次也是在集市上，从集市头到集市尾有不少卖槐花的，看到那白白

的花瓣和绿梗，再加上野菜给我的那种特殊的安全感，让
我萌生了买意。但是每次去集市要采购不少东西，也怕影
响槐花的新鲜感，所以打算回去的时候再买。结果走到集
市中段，我就碰到一个面前有一小堆槐花的大叔，就上前
询价，结果比别人贵了一点。我有点犹豫。

大叔就在我身后说："这是花苞，采的是未开的槐花，
这样的好吃。"顿觉有理，上前称了两斤，回去就包了槐
花饺子。不说贵还是便宜，只是觉得从小吃到大的东西，
竟然都不知道是未开花好，还是开花更佳。

回头再回味一下那篇论文，把吃这事一分为二，一方
面是满足基本生命的需求，另一方面是一种社会文化的演
替。就我已经经历的人生来说，食物绝大多数扮演着前者
的角色，只是一种维持生命的工具。而最近研究了食育，
开始认真地感受每一口味道、每一顿饭菜，甚至每一次买
菜，才惊觉自己对这入口之物如此无知。开始食育之旅，
最大的学习者，首先便是自己。

Chapter Four

第四章

**和孩子一起做
饭就是最好的
食育游戏**

04

　　前面说了很多理论、感悟和我们对自己开展的食育经验
的分享与分析，像是一场旷日持久的对自我和自己日常生活
觉察和反思的实验。虽然我们希望通过这个实验能得出一些
什么，可以帮助到其他也有一样想法的人，但是它的立足点
应该是对自我的觉察和反思。所以有时候我们和家长交流时，
有些家长总是一上来就问："我应该怎么给我的宝宝做食育？"
我觉得答案可以很简单：你打算给自己什么样的食育，就会
给你的孩子什么样的食育。你想通过食育去学习些什么，改
变些什么，实现什么目的，都得先从自身开始。从关照自己
开始，从日常生活的点滴开始，慢慢地感染身边的人。

　　如果有了这样的心愿，期望有更多实践和技巧的指导，
那么应该怎么办呢？如何通过食育建立和孩子的亲密关系，
建立自己家庭独特的文化呢？可能也得摸着石头过河，但是
我们可以把我们已经摸过的石头分享给大家。

　　先分享一个小故事。

　　前两年的一个暑假，住在我家附近的朋友因为生产和照
顾初生儿，在照顾大宝的时候感觉有些分身乏术，于是商量
着让大宝白天来我家玩耍。按之前的交往经验判断（我之前

在这个孩子的所在学校兼职上课，双方已经认识，而且建立了基本的信任），我觉得他是个已经上小学的大孩子了，能照顾自己，这孩子也不调皮，于是很爽快地答应了。

没过几天，我就知道错误地估计了这份工作的难度。

先来说一下当时我家的情况。首先，我家是个成人的居所，没有专门为小朋友添置的各式玩具和像电视这样消磨时间的娱乐设施，出于自己的爱好，会有各式绘画和制作手工的工具，还有一个种有各式香草和日常果蔬的院子（但是夏天的院子是属于蚊子的）。我日常是在家办公的，基本的日常无异于常人，每天需要不定时地在电脑上写文章或者画画，偶尔接一些订单需要做几小时的面包和甜点，除此之外就是较为自由、松散地东敲敲西打打。这个孩子来我家之前，我希望他会自己学习和玩耍（他可以自己带玩具过来），我只是提供场所和餐食。现在回想起来，我照顾孩子的条件应该比大多数家庭简陋，而我的期望（孩子自己照顾自己）也可能比大多事无巨细的家长更高。由于我在家里工作的关系，会有大段的时间是要和孩子直接相处的。怎么在家里平衡工作与"临时家庭"的关系？怎么从零开始构建我们的"临时家庭"文化呢？我都还没来得及想（或者压根儿没有意识到），孩子就来报到了。

想象一下，如果你是那个被送去他人家"寄养"的孩子，即使再不调皮，在一个陌生的环境待了几小时后，发现这里完全没有自己平时玩的东西（乱涂乱画也根本无法消解其全部的精力），你会怎么做？当然开始求注意、求陪伴了。所以没过几天，我发现自己根本无法专心做自己的事情，除了准备一餐两点把我的时间流切断外，抽出时间游戏玩耍交流后，我很难找到大块时间调整状态投入自己的事，突如其来的挑战完全打乱了我的节奏，而且刻意陪小朋友玩耍，我自身兴趣度不高，又因自己还有很多正事赶着做而倍感焦虑，非常消耗心神。

仔细思量之后，我决定换一个做法。既然孩子的精力那么旺盛，那就指派他去完成一些我的工作，比如清除院子里的杂草。其实还有很多家务活，但是总不好意思刚开始就叫别人家小孩帮我做，这样完全没有来由的工作安排只会让孩子觉得他在被差遣，除非是因为我们一起玩而把地板弄脏，那样情况下的互相分工打扫才算合理。我让他清理院子里的杂草出于两方面考虑：一是这个孩子喜欢在自然里玩耍，能分辨杂草；二是我们会用到院子里的作物作为食物，他在我家吃饭，所以这个工作正和他享受的东西相匹配，算是一个合理、胜任又不会觉得太无趣的工作。这个方法起了一点作用，但效果一般，因为在院子工作时，他仍然会时不时地呼唤你，和你分享他的发现。

他不仅想体验有趣、有挑战性或有意义的事，关键是他也想要陪伴啊。

既然孩子需要陪伴，而我又需要独立的工作时间，那么我们就要找到一个共识空间，也就是我既能独立工作，最好顺便完成我每日的一些必要工作，又能陪伴孩子。最后我们找到的共识空间就是厨房。

我再次做出调整。之后的两周，我每天邀请这位小朋友和我一起做饭，制作每天的加餐和点心，请他协助完成厨房的餐后清洁工作，也会偶尔让他帮忙打扫家里其他区域的卫生。在饭后我们还有一个相处的时间，在这个时间会更偏向孩子的喜好，有时候会一起玩一个小游戏，有时候会一起看动画片。再之后我们会有一段各自安静做自己事情的时间，因为有过陪伴和约定了，而且下午还有再在一起做加餐的机会，所以一天下来他也可以独自玩几小时，拼图、画画、玩拼插积木（自己带来的玩具）、在院子里探索，等等。而且我也把我工作的一部分——各种食物实验，穿插在那两周的烹饪内容和加餐内容里，可以借机观察孩子在参与厨房烹饪时的表现，以及对成品的评价，所以陪伴的同时我也能完成一部分工作，有时候也会把画好的画稿给他看，试探画稿的可读性等。这种陪伴反而给了我很多工作上的帮助和启发。

总而言之，当我顺利地把做饭变成我们每日高质量的陪伴方式后，对他来说就变成了最好的游戏，而对我来说，不仅解决了我的日常生活所需，使我完成了本职工作，而且也完成了照顾的任务，简直是一举多得。

对于很多全职爸爸或妈妈来说，他们的日常处境和我经历的那个暑期会很像，虽然他们未必和我一样在家工作，而且从事的就是和食物教育有关的工作，但是我觉得仍然可以在这个过程中看到很多相同点。无论如何，一日三餐（或两餐）总是要吃的，如果期待在家里给予孩子高质量的陪伴，可以尝试和我一样，将一起做饭变成最好的亲子游戏。相信对于孩子来说，"做饭"这个他们可以模仿和发挥创意的游戏，一定充满乐趣。

那么接下来我们就探讨一下这个游戏能怎么玩。游戏场所不仅限于厨房，还可以是菜市场，这个游戏可以拓展很多方面的内容。

采购乐趣多
——菜市场就是孩子的游乐场

当我们在谈菜市场的时候，我们在谈什么？

这是一个很模式化的标题，但是我发觉这可能真的是一个问题。这些年在不同的地方居住，发现大家常去买菜的地方其实都不太一样，所以我们在说菜市场的时候，各自脑海中大概也浮现着不同的画面，那我们来看看到底有哪些"菜市场"。

现在如果说起买菜，大概会有这么几个地方，在城市可能是大超市、便利店（小超市）、果蔬专卖店、肉类专卖店，居民密度高的地方大概会有农贸市场，也就是我们传统说法中的菜市场，再就是乡镇村子里的小卖铺兼卖菜店和每隔几天开市一次的大型集市。

我们把以上这些地方归为三类：

超市类。包括大小超市和各种专卖店，特点是场所洁净无异味，农产品都高度商品化，产品品相较为一致（个头、颜色、新鲜度等），标价清晰，包装干净，很多产品被分成一份份的袋装，或者盒装。售卖的农产品多是较为耐运输的、较少变动的（比如你习惯在某个超市买苹果，可能一年到头你都能在那里买到苹果）。

农贸市场类。这类市场流动性较小，摊位式运营，蔬菜的品种可能会随季节而变换，但菜农不会从卖蔬菜变成卖水果，蔬菜品种偏本地化，有一定时令化，也有不变的品种。菜市场越小、摊位越小，时令化越明显。场所较为嘈杂，不太会明码标价，一般需要询价。通常一两个摊位就可以满足你的采购需求。

集市类。定期或不定期开市，农产品会更初级，例如还带着土的胡萝卜。一般来说农产品都是大量销售，虽然单位大多是斤（有些地区是公斤），但大家都是以五斤十斤为起步来买的。每个摊位卖的品种比较单一。一般在户外场所，人潮拥挤，人声鼎沸，价格都比较低廉，呈现较强的时令性。

以上是较为大众的菜市场类型。目前还有两种新兴的方式：农夫集市（售卖品质较高的农产品，如有机蔬菜和混合一些带有生活美学的手工艺品）和生鲜电商（主打全

130

国乃至全球化的食材）。

那么在这些各具特色的菜市场里，买菜会变成一件怎样的事呢？在这个过程中，可以和孩子一起做些什么呢？

菜市场有什么好玩的？

如果对于你来说，本地菜市场和超市菜市场的交通便捷程度差不多，我推荐去菜市场买菜，因为孩子会觉得那里很好玩。

想象一下，在炎热的夏天带着孩子外出玩耍，到了饭点问孩子想要吃什么，但孩子说什么也不想吃。而如果你们玩耍的地方附近有菜市场，答案就会不一样了。逛着菜市场，看着丰富的蔬果，暑气自然就会消一大半，看着一个个圆滚滚的西瓜堆放在一起，切开的半个露着鲜红多沙的瓜瓤，是不是突然就有了答案了！

这就是菜市场可以带给我们的，也是食育中一个重要的部分，叫食材体验。直接接触到食材，孩子可以产生非常直观的刺激，食材的质感、色彩、形状等的多样性都可以被感知到，从这点来看，菜市场比餐厅或厨房的成品或半成品都有着无与伦比的优势。

所以带着孩子逛菜市场，可以引导孩子充分调动感官去感受食物所包含的信息。从蔬菜水果，到五谷杂粮，再到简单加工过的食品等，有太多的内容了，每一个大类的产品都有不同的颜色、不同的形态、不同的气味，或清新鲜甜，或咸酸浓烈。

"这些都是什么菜？可以摸一摸，闻一闻吗？"孩子可能会这样问。试一试不就知道了吗？这些菜的手感是硬是软？看起来是饱满还是干瘪？闻起来是有成熟的香气，还是只有青涩的味道？记得我小时候家人带我去买菜，就经常告诉我黄瓜一定要选择刺硬的，这样才更新鲜，饱含充足的水分。到现在我还保留着去抚摸每一根黄瓜的习惯，有时候会被特别新鲜的黄瓜刺到手，条件反射地缩一下手，就会果断买下这根。

都是一样的产品，为什么买这个不买那个呢？当然是买新鲜好吃的呀。那怎么判断新鲜好吃呢？这就需要动用全部感官来感受一下哪个的味道更清新、触感更鲜嫩、色泽更光亮了。在这个过程中，孩子不但可以充分地感受食物的各种属性，更可以在这个过程中去体验同种食物各种不同的状态，比如还有点青涩的、已经成熟饱满的、过度成熟的、失去水分的，等等，这些都为孩子把握自然信息提供了丰富的样本。

有时候会发现某个蔬菜那么新鲜美味但价格却比另一

种更便宜，然后会得到一个解释，因为这种蔬菜是时令蔬菜啊。时令是什么意思？就是这种蔬菜（或各种食材）终于长大到可以收获的时候了，因为同种蔬菜都成熟了，都被采收来卖了，所以大量供应，又因为当地的环境和天气都是最适合种这种蔬菜的，所以蔬菜都长得很好。如果土地和植物都很健康，就不太需要添加额外的药和肥，顶多被小虫子咬几口。

可是即便是时令，蔬菜瓜果从农田来到我们身边，有时候可能是菜农果农一大早从菜地果林采摘的，有时候是坐车、坐船、坐飞机才到我们身边的，所以状态也不一样，这就是食材在地性的特点。

每一种食材都有一层重要的信息附着，那就是季节、时令、水土的变化在食材上的体现，这是一种非常有趣的差异性。

同一个品种，种植在两个地方，就会有不同的状态；同一个地方，种植两个不同的品种，也会有本质的不同；同一个品种、同一块地，不同的人管理、不同的用心程度，也会产生很大的不同；同一个品种、同一块地、同样的人管理，哪怕间隔一个星期所采摘的食材，也有细微成熟度、水分等方面的差异。

我们在学校所学的，往往有一个正确答案，哪怕学习

乐器或绘画，也总会有老师告诉我们所谓的正误。但是在
食材里并没有所谓的对错，而只存在差异。哪怕是青涩或
者过熟的蔬果，只要没有腐烂变质，都可以专门为其设计
一道美味的佳肴。如果认真去想想，就算都生长在同一棵
番茄株上，每个番茄结果的位置和时间都不一样，晒到的
阳光、沾到的雨露可能也不一样，和周围的动植物相处也
不一样，那又怎么能要求最后在同一时间结出一样的果子
呢？每一个形态都有不同，每一口都是不同的滋味，这样
不也很有意思吗？

在逛菜市场的过程中，通过蔬果多样的质感、色彩、
形状来吸引孩子，让他们去观察与探索食材中这些细微的
差异，对孩子来说是莫大的乐趣。在这个过程中，在差异
巨大的食材之间，和孩子一起放弃"正误之观"而感受
"差异之美"吧。

决定想买某样菜了，可是没有标价，怎么办？这个时
候就是父母给孩子展示交流之道的机会了。父母的购买策
略也会在潜移默化中影响孩子。对人和善的父母，孩子通
过观察也会变得心平气和；待人热情的父母，孩子通过观
察也会更为主动积极；善于在沟通中降低食材采购成本
（俗称"讲价"）的父母，孩子通过观察也能逐渐建立起语
言博弈的思维。

看似只是浮于表面的交流，其实在这个过程中承载着大量信息的交互：

售卖者交流时的态度（"今天刚来的，买点儿呗！"）

购买者的"想不想买"所表现出的情绪（"这个番茄是挺新鲜的！"）

购买者报出低价后看售卖者的反应（"××元我就买点！"）

交易达成后售卖者的话语中表达出的对交易情况的暗示（"哎，赔了！"）

看似市井的对话，其实里面蕴含着大量价格、情绪、需求上的博弈，这恰恰也是孩子学习策略与博弈的样本。

另外，在父母和孩子的共同语言越来越少的时代，一起逛菜市也能创造大量交流的机会与话题。在这个过程中，如果父母生活经验丰富，则可以一展所学，博得孩子的信任与崇拜。如果缺少这方面的知识与经验，也可以蹲下来与孩子一起好奇求学，不懂就问。这对于孩子社交能力的养成、家庭关系的润色，都有不可估量的作用。

在一个熟悉的菜市场，通常会有已经建立起来的关系。很熟悉的摊主通常很乐意和你及孩子们分享时令信息，会跟你们分享不同的食材的做法，可能也会跟你们抱怨一下最近的天气和环境对菜品销售的影响，会向你们推荐新鲜的食材。如果了解你们的采购倾向，有时候还会特意为你们留一些特别好的，最后收钱时零头都给抹了，还多塞一小把葱或香菜，好搭配做饭。这就是在菜市场建立起来的关系，也是让孩子跟着大人学习建立融洽关系的一个很好的样本。

如果交谈结束了，要把菜装起来了，别忘了一件事。菜市场购物，通常没有预先打包好的，果蔬都是摊开放的，如果交钱后，摊主准备撕下一个新塑料袋递给你时，你不妨掏出自备的容器，或者可以重复使用的布袋、盒子、篮子、背包都可以，有时候也可以是多次重复使用的塑料袋。总之，这些蔬菜瓜果是那么美味可爱，是大地给了它们长大的营养，那我们也应该随手做一些让大地和周围的环境更舒适的事情。

形色各异的蔬果，丰富多样的差异性，更重要的是还有形形色色售卖的人群和此起彼伏的叫卖声……菜市场，对于孩子而言，就像一个永远也走不完的食物迷宫，一个永远也探索不完的游乐场。

在超市玩出新花样

摆满新鲜食材的菜市场，可能在繁华的城市越来越少

见了，取而代之的是现代化的商场超市。那么，在农产品
都被一个个、一束束地打包好并贴上标签的超市，孩子还
可以像在菜市场那样做游戏吗？当然可以，只是可能会做
不一样的游戏。

不妨来一场食物"大变身"之旅吧，对于某个食材，
先从能找到的最基础的形态逛起，然后去探索这种食材加
工的多样性。比如在粮油区先看看各种五谷杂粮的样子
（如果能多感官体验则更佳），再去观察制成的面粉、面
条，再到谷物饮料、面包糕点等食品形态。感受一下食材
有什么变化，各种各样的食物成品都由什么做成的，制作
的工序是什么样的。

面包里面除了面粉，还有不少其他的东西。一颗菜新
不新鲜、好不好吃，我基本上是能看出来的，但这些都包
装好的食物，好不好吃呢？应该如何存放呢？我们可以通
过食品袋上的标签来了解一下配料、生产日期和保质期、
存储方式。

其中配料表通常有长长的一串，如果孩子能自主阅读，
可以试着读一下，配料表通常按照添加量的大小顺序来
写，比如面包的外包装标签上会标有小麦粉、牛奶、糖、
盐、酵母等信息，前面几种材料大多是常见的，但有时候
会发现后面跟着一串不太好懂的材料。例如我们经常在各

种食品标签上看到"山梨酸钾"这个词，为什么香肠要添加山梨酸钾？为什么草莓牛奶也要加山梨酸钾？这些问题都是可以和孩子探讨的，食品添加剂都在起什么作用，是不是都要加，对食物有什么影响，对我们人体有什么影响。探讨的方式有很多，可以简单说明，也可以选择在网上或者从书里查询；有条件的话，甚至可以做一些简单的实验。重点是通过这样的过程，使孩子养成了阅读配料和质疑配料的习惯，这不但能帮助我们和孩子选择合适的商品，还会增强知情权的意识。

当我们面对单个物品时有了自主性，知道选择哪个商品了，但我们是不是真的需要它呢？需要多少呢？

超市的商品总是摆得密密麻麻，简单的酸奶却因为添加了不同的味道而演变出十几种不同的商品，更不用谈不同品牌之间的竞争了，每一个广告似乎都在向我们嘶吼着："买我！买我！买更多更多的我！"但我们是不是真的需要那么多酸奶呢？已经塞爆的冰箱和总是丢进一些过期货的垃圾桶已经告诉我们答案，也许我们可以和孩子一起改进超市消费采购模式了。

可以在出发前和孩子一起商量，看看家里现在有什么，真正缺什么。挂面快吃完了可以买一点，冰箱还有一整排酸奶，那么这次就不要买了。想好以后列出购物清单，有时候还可以添加"预算"这项工作，可以帮助我们不会因为一时花哨的广告而过度消费。

那么除了上述的菜市场和超市，还有很多类型的采购地点，包括之前提到的集市和农夫市场，甚至是生鲜电商。父母和孩子可以在体验中发现每一种形式的不同。比如赶集，简直是一件太好玩的事情了，通常人潮拥挤，非常热闹，而且常常会看到一些不常见的初级农产品，比如一些野菜、槐花花苞等，时令感和地域性都非常明显。如果家附近有定期的集市，真的非常建议和孩子们一起逛逛。本地的农夫市集也常常会有惊喜，也是非常推荐的。总之，去试试看，一定会有意想不到的惊喜。

对食材的消费，往往是现代人接触食材的开始。我们不再"躬耕于南阳"，也不会"捕鱼于东海"，但这并不妨碍我们与这个自然世界的深刻联结，只是这种联结不再是传统中单纯的采集、捕猎、生产，而是对于更多城市人而言的消费。

在这个消费的过程中，是拒绝孩子参与，还是让孩子当作一场充满未知与新奇的奇妙旅程，则是家庭教育中必须做的选择题。

看一看，捏一捏，闻一闻，五感全启动

　　我们很少出去吃饭，几乎一天三餐都在家里吃，或在工作室里和同事一起做。总之会亲自处理食材，所以吃的时候对食材也很清楚。原以为自己已经对各种各样的食材非常了解了，直到有一次外出就餐，我竟然被一道小菜难住了。

　　在正餐之前，老板娘送了两小碟小菜，都是蔬菜丝，一碟是清爽的青白色，一碟是紫色。我们平时很少见到紫色的蔬菜。青白色那碟其实一看就知道是包菜了，没有什么期待地夹了一筷子，味道中规中矩。紫色那一碟，单单看这些丝，我还真没猜到是什么，尝了一下，就更迷惑了，不是因为从来没吃过，而是非常熟悉的味道却怎么也想不起来是什么。一筷子一筷子地往嘴里送，一整碟吃完

140

了，我和朋友也没有猜出来是什么，厚着脸皮要了第二碟，这碟吃完还没尝出来。只能无奈地问老板娘。

结果却是——萝卜！只不过是紫色的萝卜。怪不得脑袋里一直在冒这个熟悉的味道，但是因为不是常见的品种，反而猜不出来了。

自从那次之后，我就开始尝试仔细品尝蔬菜和其他各种食材，咀嚼它们的时候，真正去感受咬下去时的感觉，尝起来的味道，有意识地这样去做之后，食物的味道似乎有了更多的变化。

把菜买回来后，要马上烹煮掉它们吗？等一等，我们还可以再做一轮游戏。

果蔬的五感游戏

先和大家分享一个我们在不同场合玩的一些有关食物的五感游戏"套路"，包括我们是怎么做的，需要注意的地方，在家庭里可以如何变化延伸。可能在了解这些做法的时候，你们家已经产生了很棒的属于自己的做法了。

活动场景

这些游戏通常会作为一次半天时长的食育体验活动的

热身活动，或作为一节 40 分钟课堂的主题内容。适用人数为 4 ~ 40 人（人数不一样，流程和分享引导在设计上会有差异），从幼儿园小朋友（通常是以亲子家庭模式参与）到成人都可以参与。

用到的"道具"

1. 一个能装三四种不同蔬果的不透明的容器（纸盒、纸袋或者盆子都可以）、几个带盖的小瓶子、一个碟子和锡纸。

2. 不同的果蔬。

3. 一个球（网球大小）。

活动前的准备工作

制作"闻瓶"：

把一些味道比较浓郁的果蔬装到小瓶子里，如果装不下，可以切碎只取一部分放进去，例如草莓瓶子、香蕉瓶子、胡萝卜瓶子等。瓶身如果是透明的话，可以在瓶身贴一层锡纸来遮挡瓶内内容物。

制作"触摸袋"：

最简单的方式就是把几种食材同时放进一个大布袋或者纸袋里（如果布袋不够立体，很容易显出食材轮廓，可以在布袋底放置一块硬纸板，撑起布袋），开口不要太大，一只手能探进去就好。

制作"品尝盘"：

将用于品尝的果蔬切丝或切小块，然后用盘盛起来。

热身活动

请大家围成一圈，站着、坐着都可以。然后调整圆圈的大小。让大家双手自然垂放在两侧，跟两旁人的手自然地拍打触碰，确保在背后传球时可以轻松传给隔壁的人，而不需要抛接。

调整好后，让大家闭上眼睛。游戏主持会把球随意给到其中一个人，然后告知传球给下一个人（顺时针逆时针都可以，但是在一开始要让大家知道你的位置和传送的方向，这样就能大概预计出传达到自己的时间）。如果球掉落了，我们看看是哪里出问题了，迅速调整；如果很轻松地顺利传递，恭喜大家完成热身。

接下来是分享。我们刚刚传球的时候都知道是球了，所以摸起来可能没有特别留意，但是还记得球拿在手上的感觉吗？是不是能通过触摸来感受和确认物品的大小、重量和手感？在触摸食材的时候也要细细体会。

进入正式活动

拿出触摸袋展示，接下来我们会请大家认真地触摸袋
子里的食物，请大家在摸的时候认真感受，这个东西摸起
来是怎么样的？你会怎样去形容这样的感觉？这里需要注
意的是，为了不影响别人的感受和打断别人的探索，在触
摸过程中不要交流，不要发声以免影响他人，尤其注意不
要说出触摸到的物品的名称。

请大家闭上眼后，开始拿出袋子中的食材让大家轮流
触摸，所有物品都传完一圈（注意和传球一样还是从背后
传）之后把食材藏回触摸袋，大家睁开眼。可以互相分享
一下触摸到的感觉，注意，只可描述摸到的感觉，不许直
接说出是什么食物，例如说摸到的东西圆滚滚的，很光
滑，好像还有个小凸点，等等。分享了几个描述后，请大
家说出这是什么，然后再把食材从触摸袋里拿出来和大家
确认一下，看着食材引导大家再次回忆刚刚触摸时的感
觉，例如表皮是否光滑，凸点说的是哪个部位。如此再重
复两三个食材。

眼睛和手其实平时用得很多。刚才的游戏让手的感觉
更敏捷了，现在我们也要让鼻子醒过来了。

还是和之前的游戏一样，闭上眼，轮流闻瓶子里的食

材，可以想想如何去描述那种气味，闻的时候不要发声，大家都闻完后再一起分享。味道浓郁的水果多数都有独特迷人的香味，区分度比较高。有时候装一些味道淡的食材，平时嗅觉不太敏感的可能连闻都闻不到。也可以装一些不同的香草，大家可能不一定每一种都认识，但是可以试着闻闻一共有多少种香草，用鼻子去努力识别一些细微的差异，认识不同的气味。分享的时候可以说说闻到了多少种不同的食材，哪一种印象最深刻，有什么味道。如果是香草的话，还可以把香草倒在手中，用手指轻揉，通常会散发出更加强烈的味道。

最后，食物要被我们都放进嘴里了，吃的时候我们都会咀嚼，但是每次咀嚼的时候你都在认真品尝吗？苹果吃过很多次了，但是苹果究竟是什么味道呢？只有甜味吗？酸和甜是同时出现的吗？咬起来的口感是什么样的？苹果皮有味道吗？

所以最后一个练习，在我们唤醒了手和鼻子之后，就要来认真地品尝一下食物的味道了。还是先请大家闭上眼，伸出手，轮流着把试吃的食材放到每一位参与者手上，参与者就可以仔细品尝了，这一次也是一样，品尝的时候去认真感受味道是怎么样的，口感如何，最后再一起分享。通常这个过程中，有人吃到了自己喜欢吃的，感觉

很开心，也有人大皱眉头（通常是生吃经验较少和很少吃
蔬食的参与者）。因为量很少，所以我们会鼓励大家都咽
下去，就当一次探索新口味的体验了。在分享环节，大家
会争相评论，因为大家对味道的捕捉似乎更加灵敏，也更
会形容，比如甜中带点辛辣，很爽脆，咬下去的时候汁水
比较多，皮上有点土味，想到了饺子馅，等等（吃的时候
联想记忆好像特别多）。如果是 40 分钟的体验课，主题内
容到这里就结束了，可以再做个简单的收尾，例如可以再
去重复探索刚刚的触摸袋和闻瓶中的内容（有时候可以多
准备一两个新的食材让参与者再次尝试体验），口头交流
或记录下来。

　　如果是更长时间的体验活动（后面通常会跟着烹饪内
容），可以趁着新鲜劲儿，告诉大家每个人的身体感官被
调动得更加灵活敏感了。他们会在烹饪过程中更加认真地
对待食材，和食材交流，让食物更美味。

在教室或在家中开展

　　如果是在教室里，或人数过多，尤其是低龄段孩子过
多的时候，可以分小组围圈，减少闭眼等待的时间，分享
的时候也可以是一个小组描述，其他小组根据描述进行猜

测。将主体内容介绍完后，交换小组的材料去体验。低龄段孩子的词汇表达能力还不足，可以增加感知感受的内容，减少表达分享，总结的时候也可以使用图画等方式。

如果是在家里，可以采用互相给对方出题的方式，一方准备"题目"，另一方从中感受和猜测，有时候可以是一个人出题（例如准备一个触摸袋），第二个人触摸和描述，第三个人根据描述猜测是什么。有时候还可以发展成无实物的想象游戏："我在想一个食物，你猜是什么？""它有什么特点呢？""红色的，酸甜的，妈妈最喜欢吃的。"如此类推。总之是一个可以完全根据自己家庭情况来定的，突出自家家庭文化的专属小游戏。

如果平时很少能一起和家人去买菜，没有在菜市场体验过新鲜蔬果，在家里玩这个游戏的时候，可以加入一些辨识食材新鲜度的内容，例如摸到一根黄瓜，描述的时候可以告知，上面的刺非常扎手，拿起来的时候瓜身还很坚挺，品尝的时候也很爽脆、清甜，由此判断黄瓜非常新鲜。

需要注意什么？

一个游戏好不好玩，不仅取决于玩的时候开不开心，更多地还要看游戏前的准备、规则的制定，等等，这些都会对游戏产生很大的影响。所以对于这个五感游戏，我也在每一次带领的时候遇到各种各样的问题，很多是我事前没有预想到的，所以在此分享给大家，我们可以先来看一眼我踩过的坑，都有什么要注意的呢？

关于闻瓶游戏，首先瓶子要先洗干净，这样玩完游戏之后，食材还可以日常使用，例如把百香果籽倒出来泡茶，或者将各种果蔬搅在一起打一杯蔬果汁，这样就不会有浪费食材的问题。

同时要考虑食物的发酵和发散的气味，例如不同成熟度的香蕉散发的气味是不一样的，过于烂熟的水果都会产生强烈的发酵味，会在打开瓶盖的一瞬间觉得非常冲，而且会遮盖掉其他味道。切开的果蔬放在瓶子里时间久了，也会产生一股发酵甚至轻微腐烂的味道，跟新鲜切开的味道不一样，所以闻瓶不要提前太长时间准备。

注意选择闻瓶的果蔬品类，尤其是一些可能造成他人不适的果蔬，例如榴莲。我个人喜欢选择一些味道清新或者新鲜香甜味道的果蔬（热带水果和各式香草），因为我们的初衷是让大家重新认识食物散发的味道，从而让孩子（或者大人）都有机会重新建立起对食物的认识和兴趣，而不是为了训练嗅觉或做恶作剧。

制作触摸袋的关键是他人不知道袋里面有什么，但是人类对这种未知是有恐惧感的，所以触摸袋里放置的蔬果最好不是有过多绒毛或刺的瓜果，最好是一摸就感觉安全的，尽管不知道是什么。

　　如果没有合适的大袋子，可以用一个小纸袋装一种食材。

　　如果多种果蔬装在一起，要注意不要互相挤压，湿漉漉、黏糊糊也是非常不好的触感体验，摸完之后还需要洗手，则会打断游戏的进行。

　　而对于品尝碟，要注意的就是食材的挑选了，一定是可以生吃的（这个生吃要符合一般人的习惯，例如洋葱、大蒜这样带有强刺激味道的食材虽然可以生吃，但不是普遍被接受的，且单独生吃的时候容易对消化器官产生强烈的刺激感），同时还要保证入口之前食材仍然新鲜。

　　切成丝状或粒状会打破原有食材的入口体验，调动较少的惯性记忆，增加难度，需要品尝者更加专注于感受。试试闭着眼分别咬一口一个完整的苹果和吃一些苹果丝，前者肯定会让你更快地做出判断。

厨房并不危险，
让孩子走进厨房吧

当爸爸妈妈准备做饭时，孩子也想一起来，这个时候该怎么办呢？

多数家长觉得厨房里有刀，有电源，有煤气灶，这些东西都非常危险，而且孩子动作不协调，很有可能打破碗碟，或把调味料撒一桌子或一地，把油打翻，把水泼到地上，再在厨房进进出出，把脏脏的脚印带到客厅……天啊，收拾起来简直难以想象。

"我也想要一起做饭，可以吗？"孩子正眼巴巴地等着你的回答呢。

其实，刚刚想到的那些"灾难"确实很有可能发生，甚至可能已经在你家发生过了，但这些"灾难"存在的可能性对应的对象并不完全是孩子，刀的确危险，但它不是只对孩子危险，而是对所有不会使用的人来说都危险。人

150

不会因为长大了就在用刀时不危险，而是从学会用刀之后才不危险的，而学习的过程中有越多正确的引导，危险的系数就越低，也就越容易有能力使用它。

这就像孩子不会因为长大了就能分辨哪种西红柿好，而是在一次次感知体验的累积后学会分辨的，孩子也不会因为长大了就自然会做饭，而是通过一次次"克服"厨房的"危险"，尝试过或多或少的"黑暗料理"才学会的（或者一直学不会，只等着别人给他提供好或不好的食物），所以与其把孩子关在厨房外，避免让他接触到这些危险，不如让他了解和认识厨房的"危险"，学会控制厨房的"危险"，甚至一起把厨房变得不再"危险"。

"你也想一起做饭吗？但是做饭需要了解一些在厨房工作的规则，你能做到吗？"在答应孩子的请求前，先让他了解这项"工作"的规则，会帮助父母与孩子把这件事维持得有趣、有序。

"嗯！我可以做到"当孩子郑重地点头后，我们就可以和孩子一起穿上围裙，作为进入厨房的一个协议信号，从现在开始，就要遵守刚刚的约定，直到最后完成全部工作，再把围裙脱下来放好，这才是厨房"工作"的完整内容。

降低厨房的危险性

是不是约定好带孩子进入厨房，就可以愉快地进厨房了呢？不是的，一个乱糟糟的厨房和精心整理过的厨房，在空间上的引导会让事情完全不一样。就像我们希望孩子自由玩耍，如果玩耍的空间没有任何设计、引导和约束措施，那带来的将不是自由，只是放任。当一些突发事件出现时（如孩子在玩耍过程中受伤），无论是大人还是孩子都会经历一个失能的瞬间状态，甚至怀疑最初的决定是不是正确的。其实鼓励探索的愿望没有错，只是在这个过程中空间的引导和人的引导同样重要。而厨房里最容易出危险的，往往不是那些明晃晃的刀和火，而是在这个过程中缺乏引导和照料的乱糟糟状态。这个乱糟糟的状态，很多时候来自对厨房本身的设计和整理。

所以要想降低厨房的危险性，希望和孩子一起做饭时一切井井有条，那么第一件事就是让厨房变得井井有条。

第一步，建立厨房动线

井井有条，其实不仅仅对于和孩子一起做饭时适用，不管是希望快速简单地做一顿营养简餐，还是招呼亲友时做一桌温暖丰盛的大餐，大概每位主厨都希望在厨房里得心应手，想要什么，手边就能够着。那么这一切是如何发生的呢？我们需要设计好厨房的动线。

什么叫厨房的动线呢？就是在厨房里每一步行动连贯起来的路线。让我们先闭上眼睛，想象一下，如果要做一个菜会经历什么步骤呢？比如西红柿炒鸡蛋，拿出鸡蛋、西红柿等食材，清洗，切块，打蛋，拿锅和铲，开火，放油，炒菜，调味，装盘，上菜，收拾。这些步骤可以归纳成几个模块的工作：第一，食材准备。会涉及食材的储存、清洗和切配；第二，食材烹调，会涉及加工工具（加热设备如煤气灶、电磁炉等）、锅和铲、调味料等；第三，食物装盘，会涉及食器（装食物的容器）和放置的空间；最后是收拾，会涉及剩余食材的处理和工具的清洁和收纳。

根据上面的几个模块我们可以先来设计一下厨房的动线，基本原则就是同一个模块的工作区间在一起，然后每一个模块之间的衔接顺畅而自如。如果厨房的一切没有经过设计，例如冰箱和水池分别在厨房的对角线上，从冰箱拿出的食材要跨过整个厨房才能清洗，清洗后水池子边没有切菜的台面，要拿回到冰箱旁边切配，又得运输一遍食材（而且这个时候水会滴得满厨房都是，最易脏乱和打

滑），这样晕头转向地跑好几个来回，自然让人觉得下厨
房很麻烦，也不便于收拾整理。

每一个厨房空间、大小和大家喜爱、熟悉的烹饪方式
都不一样，所以动线得根据自家的空间和习惯来设计，总
而言之就是想象自己在厨房，做一些平常的菜式，常规的
流程是什么样的，会经历什么步骤，在这些步骤中有哪些
是连在一起的，根据这些想象在厨房里模拟走动几遍，然
后根据自己觉得最流畅的状态，来设计出自家厨房的动
线，动线舒适得让下厨如同在厨房里优雅地跳舞，那就
对了。

在这样的厨房里工作，且不论自己下厨会变成一件更
称心如意的事情，孩子也会在这样流畅的安排中感受到在
厨房里做事的节奏和流动状态，变得井井有条起来。

第二步，收纳整理

动线建立完之后，厨房自然会呈现出不同的功能分区，
这个时候厨房开始有了自己的节奏，但想维持这样的节奏
还需要进行合理的收纳与整理。

那我们就跟着动线一步步看看，厨房需要怎样整理吧。

首先是**食材的收纳**。每一次买完菜回来，可能都会有
大包小包的东西（非常鼓励大家用布袋、棉线网兜、可循

154

环密封袋和盒子、纸袋等代替一次性塑料包装），进门就随手放在门边，如果没有收纳归位的设计，堆放着的食材可能会影响出入，也影响食物的保存，还会给孩子留下东西可以随处乱放的印象。事实上，每一个细小的行为都体现着内在的理念，家庭文化和习惯的培养不是说出来的，全在每一次细小的行为中形成，而且这些行为互为逻辑：如果希望孩子珍惜食物，鼓励光盘，但采购回来的食材又没有在最好的状态使用，而是放得不新鲜了丢掉，那样不会生发真正珍惜食物的心意，或者再进一步，使用大量的塑料袋会增加环境负担，最终这些负担还是会回到土地，回到我们的食物上，那单纯地谈饮食健康也会站不住脚。没有东西是孤立存在的。

那好，我们先来决定这些大包小包要怎么办吧。可以先来做个分类，可以根据是否需要冷藏保鲜把食材分成两类，一类放进冰箱中，一类放在旁边的食物架子上（有个食物架子会让厨房的食材一目了然，不必很大，或者很贵重，简单适用的多层储物架子就可以，最好可以保持通风，不遮蔽，方便看到食材和取用），无论放在哪边，都可以做一个食物分类。也可以根据自家的情况对冰箱的每一层进行一下分区，原则就是同类的放在一起，生熟分开，需要很快吃掉的放在显眼的位置，采用透明的可循环的方形保鲜盒子放置食材，能够有效使用冰箱的空间，同时方便看到食物（看到就更能在食物新鲜的时候用掉，而不是忘了食用而导致过期丢弃）。

旁边的食材柜子也可以进行一些分类，例如新鲜果蔬区（需要很快吃掉同时不能被压到的叶菜可以放在易取用的地方，较为耐储存的根茎类食材放在一起，还要注意某些根茎类食材如土豆需要避光储存），干货区（常备一些香菇、腐竹、木耳、银耳、海带等，可以在"食材不足"时快手变出一个菜），"种子"区（包括红豆、黄豆、黑豆、绿豆、腰豆、芸豆……各种各样的豆子，花生、南瓜子、葵花子、核桃、杏仁、腰果等坚果类，燕麦、麦仁、藜麦、荞麦、小米、糙米等"主粮"），粉面区（各种面粉和面条、米线，随时更换主粮花样），还有其他区域，如烘焙食材、零食、冲调饮品等，都可以根据自家的情况来进行分区收纳。

每次采购完回来之后可以和孩子一起进行食材的分类摆放，让孩子在跟着做的时候，感受这样做的原因和内在规律，慢慢养成有条不紊的习惯。

在实际操作的时候，可以一边引导孩子帮忙，一边分享自己的食物知识——先打开冰箱，把豆腐、鸡蛋、酸奶都放进去，"鸡蛋竖起来放在鸡蛋盒子里，这样既可以保持鸡蛋新鲜，还可以保持隔离，保证还没清洗过的鸡蛋壳不会碰到其他食物""洗过的鸡蛋比较容易坏，所以用的时候再清洗蛋壳"。胡萝卜、生菜和蓝莓也要放进冰箱，但是要放在不一样的地方，"胡萝卜竖着放可以放得久一点，生菜的叶子甩干水，用一层纸包住，叶子就不容易坏掉了，不过还是新鲜吃掉比较好"。蓝莓放在水果层，如果买得特别多，可以放在冷冻区，留着打蔬果汁或冰沙的时候用，但是千万要和冷冻柜里的肉类食材分开放。熟食可以和装着剩菜的密封盒放在一起，能够直接吃的水果蔬菜可以放在一起，要煮熟才能吃的生鲜食物放在一起，饮品放在一起，调料放在一起……直到一起收拾的人都同意："嗯，这样好清楚，每次我都知道该在哪里拿食物。"冰箱收纳的内在规律就建立起来了。

西红柿和西葫芦不用放在冰箱里，放在旁边置物架的蔬菜层就好了，那土豆呢？土豆有点特别，可以放在一个盆里再扣上一个纸板再放在蔬菜层，"土豆宝宝不能晒太阳，不然就会像放在旁边的蒜宝宝一样发芽了，发芽的大蒜还可以吃，而发芽的土豆就不能再吃了"！

终于把食物放好了。仔细想想，就像一个宝藏一样，每个放置的地方都有特别的理由，按照一些提示就能找到对的地方，嗯，说不定结束收纳之后可以和孩子一起画一张厨房的藏宝图呢。

　　然后是**工具和食器的收纳**。可以根据用途和使用频次，给大大小小各种用途的锅都安排一个固定的家（最好不要直接放在灶台上，有助于灶台的清洁），每次用完锅都清洗保养好（特别是铁锅，要及时刷好及时烧干，适时适量抹油保养，好好照顾好一口锅，它会在烹调每一顿饭时不辜负你的照顾）并归位，锅铲和汤勺等也是，悬挂和放在抽屉都可以，根据自家的情况来决定，原则上还是保持同类放置、整洁和方便取用。食器同理，高频使用的可以放置在方便取用的位置，漂亮食器也可以收集起来放在固定的地方，以便偶尔换换食器调节生活气氛。无论是小工具还是食器，如果发觉一直藏起来没有用过，就可以考虑一下是不是过度消费了，能不能利用起来或者转赠给有合适用途的地方，这样也有助于保持厨房的清爽便捷。

　　同样，工具的摆放也可以邀请孩子来参与，这样孩子才能在参与厨房工作时，知道在哪里找到合适的工具，而不会在参与烹饪时不断地问东西在哪里。知道了物品的位置，也能引导孩子在清洁后将物品归位。特别注意一些锋利的工具，如刀具、擦丝器等，需要教导孩子如何摆放，例如好几把刀，刀锋的朝向要一致，有刀架的要放回刀架，没有刀架的，刀尖朝下放在收纳罐里或者其他适用于你家庭的方式。

还有**调料的收纳**。油盐酱醋、各种酱料、中西香料，每家的调料都是满满的一大堆。调料收纳的重要性，在做饭的时候就尽显了。试想一下，菜要炒好了，找不到盐，糊了；或者错把醋当酱油了，酱烧变醋熘；或是调料胡乱摆满灶台旁，菜要出锅了找不到位置放盘子盛菜，拿着铲子一不小心打翻了哪个瓶子，收拾起来真叫人欲哭无泪。所以调料是需要好好收纳的，原则还是一样，同类摆放，方便取用，根据使用频率，设计方便取用的位置。例如我会放几个同样规格的玻璃瓶子，做好醒目的标签，这样放在调料柜中既好识别又好摆放和使用，而买回来的大规格的调料就可以隐藏收纳了。

对于孩子来说，一些不好分辨的调料（酱油和醋、盐和糖）除了可以制作视觉标签，还可以让孩子通过味觉、嗅觉和触觉来分辨，探索一下这些相似的调料有什么不一样的地方，逐渐认识。

瓶瓶罐罐的调料好多，一次介绍不完，但是可以先让孩子认识一些最常用的。先来看看糖和盐好了。"看起来好像，都是白白的"，但是仔细看，两种调味料的大小好像不一样，"有个粗一点，有个细一点，细的那个接近粉末的感觉，看起来好像雪一样白，粗一点那个看起来像细

砂，而且会有亮晶晶的感觉"。用手指分别蘸一点尝一下，
细的那个好咸，是盐，粗的那个甜甜的感觉就是糖了。还
有两瓶黑黑的东西也是家里常用的，打开盖子闻一下，有
股酸酸的味道，这是醋；另外一瓶闻起来香香的咸咸的，
是酱油。"其他的等每次用到时我们再学一点吧，要记住
每次用完调味料后都盖好盖，放回原位，这样调味料不容
易坏，而且不管是谁做饭都很方便找到"。

了解厨房小规则

在了解完厨房的动线和东西的收纳后，厨房已经变得
友好和安全许多了，也会大大地方便了使用后的收拾整
理，不过真正让厨房变得安全、便捷，还需要建立厨房的
规则。

厨房里要定什么规则呢？一想还有很多细细碎碎的注
意事项要列出来，比如前文说的食材的归类，用刀注意安
全，洗完菜洗完碗要沥干水、擦干手，别让水洒到台面和
地面，但这些都是行为的规定和表现形式，而厨房规则的
内核想来想去其实只有一点要求：有始有终。

在厨房进行的每一个行为都需要有始有终，从进入厨
房系上围裙开始，直到脱下围裙挂回原位，"有始有终"

160

这个四字准则可以引导在厨房工作的每一个人自主管理行为。拿回来一袋食材搁在厨房的台面，只是开始，如果不打算烹调，就请把食材都放置好，那才算完成这件事（不过得按照归类的逻辑放置，如果胡乱塞完之后别人找不到东西，或者因为没看到没及时使用放坏了，或者别人需要重新收拾，都不算完成了这件事，因为后面留着很多"尾巴"）；切好菜了或者炒好菜了，属于同时开启了多件事，菜做完只是完成了其中之一，用过的砧板和刀清洁好，锅刷好养好，台面和水池都收拾好，那才是把每一件事都有始有终地完成了。厨房的主人（目前在家里通常是爸爸妈妈）这样做，也会让厨房传递出这样的气息，孩子进入厨房，也会感受到内在的规矩。如果能再根据儿童年龄的大小，在每个细小的行为处加以提醒，慢慢就会形成这样的习惯。

所以和孩子一起下厨房时，可以不时提醒他：记得我们进厨房之前的约定吗？在厨房里面的规则，我们再回想一遍。

厨房里有很多身体和食材接触的机会，所以为了让我们的衣服和食物都保持干净，不互相弄脏，我们进厨房烹饪的时候就要穿上围裙，也提醒自己穿着围裙就要遵守厨房的规则，守护好厨房！

食材拿进厨房后要及时分类摆放好，让食物和我们都可以保持健康。

节约用水，同时注意水不要甩到地面，备一条专门保持干净和干燥的擦手巾是个好主意。

工具材料和调味料都有自己的"家"，每次用完一定要及时清洁放回去。

厨房里面有些工具例如刀，需要学会怎么使用后再用，学习的时候要很仔细地观察。

这些规则，不只是小孩，是所有使用厨房的人都要遵守的，遵守厨房规则，是我们和孩子安全下厨的重要前提。但也请规则制定者注意，规则是为了保护共同享有的人，也就是这些规则都是为了让我们在厨房里可以好好一起工作，而不是为了指挥和要求别人，而且所有人，包括规则制定者（当然能邀请孩子一起制定规则是个很不错的主意）都应该遵守。食育或者所有的生活教育，其实都不是拿来教导别人，而是用来自我教育的。

当然，做好了一切准备时，也请放宽心态，当遇到一些意外和挑战的时候（例如打翻调料、打破碗碟），相信造成这件事的人不是故意的，而且他懊恼的心情可能不亚于你，这个时候也许更需要你的指导和帮助呢。

好吧，现在就让我们一起系上围裙吧。

厨房打怪：带孩子安全下厨指南

　　与其一边做饭，一边担心地听着小朋友在客厅自己玩的动静，或者小朋友不依不饶地抓着你陪玩或做饭的时候给你添乱，不如像上一节说到的那样，让厨房成为孩子的乐园。大部分孩子在小时候都天然地对厨房感兴趣，不仅是因为那里有吸引他的食物，还因为他们想知道大人们都在忙什么，想模仿大人一起做些什么。不管孩子在成长过程中还是长大成人后，吃是日常行为，是一种基本能力，不一定以后每一顿饭都自己动手，但拥有择食和制作的能力总会给自己更多的选择权，可以对自己更负责，不是吗？

　　可是也正如上节所说，我们希望带孩子下厨，不是任由孩子把厨房当成可以随意玩耍甚至弄出很多需要别人为他的行为收拾残局的情况（事实上，无论孩子在哪里玩要，都应该了解和遵守那个地方的规则，不妨碍和不麻烦别人，包括父母和祖父母），而是让他们清楚地了解并遵守厨房里的一些约定，让彼此都可以在这里愉快玩耍。

作为厨房的主人，如果你希望别人进入这个空间后仍能维持现状，首先得让别人了解这里的情况和规则。

所以在孩子"正式"进入厨房之前，可以有一些前期的步骤铺垫，如之前说的一起买菜和玩游戏，增加孩子对食物的认识、兴趣和感知。然后逐渐让孩子进出厨房，跟我们做一些非常简单的加餐等。为他们提供机会了解厨房的布局，观察和体验厨房的秩序和规则，如食物、厨具和调料摆放的地方，这样当我们需要一个什么材料，例如一头蒜，孩子不用问你就能找到并且完成任务，这会让孩子有参与感和作为小帮手的成就感。同时也能让他们观察到一些烹饪前后的动作和安全要求，例如清洗食材，了解砧板和刀具的使用规则，及时清洁和维护厨具。

记住，我们在厨房的每一个行为早就被孩子观察在眼里，所以如果希望厨房是干净有序的，在我们单独入厨时就应该是这样，而不是单向要求别人有这种清洁的习惯。同时，非常建议进入厨房工作时呈现一些仪式感，比如穿戴专门为在厨房工作而准备的围裙，传达出厨房的规则感和对烹饪过程中安全干净和秩序的期望。

164

孩子进入厨房之前的准备

在让孩子进入厨房协助你工作之前，务必需要确认以下几件事：

本次的工作内容

我们通常将工作内容分为四个基本部分，从易到难分别是食材观察、食材加工、简单烹饪（简单加热）、复杂烹饪（复杂加热）。具体建议如下：

食材观察。主要是通过对食材的观察，让孩子加深对食材的理解与感受。通常小朋友只要能够集中注意力就可以开始食材观察了，但注意在给小朋友食材之前需要将其清洗干净，另外，不要给太小的食材，以免吞咽时发生意外。

食材加工。主要包括洗菜、择菜、切成不同的大小粗细等，通常有抓握能力的小朋友就可以协助完成这项工作了，而到五六岁完全能控制抓握力度的孩子，就可以尝试独立胜任该工作。

简单烹饪（简单加热）。进入烹饪阶段，就要涉及简单的加热工作了。这里的简单加热是指利用能定时、定温

的加热工具，如烤箱、微波炉等对食材进行加热。这样的
工具因为操作简单容易，所以五六岁的小朋友就可以协助
父母完成这项工作，而等到八九岁认识数字并积累了一些
加热判断生熟的经验后，就可以独立操作本步骤了。

复杂烹饪（复杂加热）。复杂加热的特点就是不容易
控制加热的温度，常用工具包括任何用在煤气灶具上的
锅、电磁炉、炭烤炉等。因为这样的加热需要有非常丰富
的对于加热工具的把握能力，以及对食材充分均匀加热的
判断能力与搅拌手法，所以建议8岁以上的孩子可以协助
完成本工作，通常10岁左右积累了足够多协助经验的孩子
就可以尝试独立完成该工作了。

合适的工具与清单

父母需要为孩子提前准备好适合孩子使用的劳动保护
用具、加工用具和烹饪用具。

劳动保护用具是必须准备的，如围裙、套袖、帽子，
建议让孩子养成穿戴习惯，最好的方法就是成人在每次烹
饪的时候也要穿戴。

然后是加工工具，如洗菜盆、切菜板、菜刀等。首先，
洗菜盆建议按照孩子所能掌控的范围，以及厨房工作台面
的高度进行购买。洗菜盆不能太高太深，否则清洗不便。

166

也不能太浅，否则容易溢出水。切菜板建议购买整木菜板，不要购买拼接菜板，也可以考虑塑料菜板（易于清洁）。菜刀建议购买安全菜刀，塑料材质较为安全，在孩子熟练掌握切工后可以逐步考虑使用金属菜刀。

最后是烹饪用具，也就是加热用具。这一点可以从容易操作的加热用具，如烤箱、微波炉开始。购买的时候一定要注意工具是否可以定时，以及是否可以定温。不要选择那些只能设置大中小火的工具。逐步让孩子尝试一些复杂加热的锅具等，但一定要有成人在旁协助，并且强调一些特殊情况的处理，比如锅内引燃应迅速盖上锅盖灭火等。

材料清单

烹饪所需食材及其重量，在此就不过多解释了。在每次邀请孩子参与之前，一定要制作独立的材料清单和工具清单。在烹饪过程中会用到食谱。在找到食谱之后，可以将其中的材料和工具单独抄写或者打印，以备与孩子一起烹饪时使用。

清晰的制作流程

制作流程至少有三个要求：详细的步骤（最好带示意

图）、精确的数量、关键的判断节点。

　　详细的步骤，指的是一步一步需要如何去操作，最好有示意图，这样可以使孩子对一些手法、关键细节的把握一目了然。

　　精确的数量，中餐喜欢用"少许""若干"这类词，但对于刚接触烹饪的孩子来讲，精确的量往往能给孩子更多的信心，也更容易保证成品的稳定性，何乐而不为呢？

　　关键的判断节点，这是中餐食谱中较少描述的，所以家长可能要在这一点上多花一些心思，比如如何判断蛋液搅拌的程度，如何判断某种食材的生熟度等。

　　预备工作做得差不多的时候，就可以让孩子真正地下厨房了。但是从哪里开始呢？可以一开始就让孩子掌勺吗？也许可以，也许一开始就会发现孩子的天赋，并让孩子在此获得巨大的满足感。但是如果我们知道孩子真的还没有能力做到，而且不希望在做饭的过程中不断在旁边随时准备收拾摊子或是不知道是否能吃上饭，最重要的是我们不希望这种毫无难度的成功感破坏掉那种通过不断努力才能建立起的自信，可以试着把孩子下厨的战线拖得更长。比如可以在一开始的时候模仿餐厅后厨的分工，把厨房的工作分成不同的内容和难度等级，每一次的挑战都是在孩子已经在上一阶段的学习圈待了一会儿，已经完全熟悉后，再进入难度高一点的内容，再挑战一下。同时可以设计得有趣一些，甚至可以设计出相应的仪式和标志，例如不同的围裙或帽子、技能打卡本、徽章，等等。

当孩子可以很清楚地了解厨房的分区摆放和保持清洁的规则后，我们就可以开始"升级打怪"了。

开始打怪，当厨房里的助手

第一级，厨师助手（名字可以自己定）。在上灶之前必须熟悉各种食材，所以厨师助手可以先从清洗食材开始，再到按照要求切配食材。在这个过程中要了解每种蔬菜的特性和烹饪方式，例如包菜，如果对半切开会发现菜叶是一层包着一层的，里面的菜叶非常干净，清洗的时候只需要把表面两三片不够新鲜或者带点尘土的菜叶剥掉就好。

从外到里的叶子的颜色和口感都不一样，因此相应的做法也不一样，例如要做酸辣包菜这样的爆炒的菜式，不同的叶子部位，烹饪的时间不一样，所以就需要厨师助手用手撕成小块叶片，同时注意分类，把外层颜色较深的薄叶子和里层较厚的叶子分开放，方便主厨炒菜的时候按照叶片的厚度先后放入锅里炒。如果要用来切包菜丝的话，只需要剥掉外层叶，简单冲洗即可，在做这些工作的时候，可以让助手注意观察，哪些部位的切丝适合炒，哪些部位是可以腌渍一下直接吃的，包菜硬邦邦的菜心可以怎么处理，等等，这些内容都可以在食谱和食物相关的书里查找到，有很多有意思的内容可以一起去发掘。

当厨师助手可以比较熟练地操作无工具的前期工作，例如洗菜、择菜、剥菜叶子。之后可以加入一些小工具的操作，例如剥蒜压蒜泥、压土豆泥（煮熟的）等工作。这些工作可以让他们练习使用工具，感受工具的用力，和原来直接用手的力量不一样，但没有锋利的刀刃，不容易受伤，可以放心使用。

再熟练一点的话，可以使用削皮刀（但我们鼓励全食概念，也就是一般情况下，对于果皮可食用的放心食材，尽量连皮食用，因为有很多重要的营养是由看似口感不太好的蔬果皮提供的）和擦丝器。但务必注意，在使用工具时，必须有耐心地教导，观察助手的使用情况。在一开始孩子还不能非常熟练使用的情况下，选择一些比较好操作的食材，例如土豆会比胡萝卜好擦丝，但擦到后面剩下一小块不太好握住时，请熟练的人帮忙或者换成切的方式。不要焦急，工具需要慢慢熟练。

厨师助手的后期学习内容就是学习刀的使用了。同样，要从一些低难度的切配要求开始（例如切西红柿，只要切成几块即可，不必要求大小一致），从比较容易切的食材开始。在这个过程中，感受工具的作用是非常重要的，例如刀很锋利，可以把食材切成小块，但同时也意味着很容易把手切伤，所以懂得运用合理的力气和正确握刀的姿势很重要。

为了感受刀这种工具的作用和特性，刀的选择也很重要，可以在早期选择适合孩子握的刀，例如西式六寸的厨师刀、水果刀等，握柄有足够的空间，刀较为轻便，有一定的锋利度（请不要拿很钝的刀或者塑料刀等代替真实的刀，否则容易由于切不动东西，孩子需要使用更多力气，出现一些剁砍的动作，双手拿刀而不能固定食材或者用刀的时候食材滚动等情况，等使用真实的刀后，孩子就不容易判断应该使用多大力气，之前形成的错误用刀姿势较难矫正，反而更加危险）。在日本有一些让孩子感受刀的锋利的做法和需要孩子时刻注意拿刀时的专注力的训练，如把豆腐放在手掌上切。

总的来说，创造安全的真实的体验环境，安全的尺度边界应根据每个家庭中每个孩子的状态而定，但陪伴和练习是必不可少的。除此之外，请务必和孩子约定关于刀的使用规则。用刀的时候的专注（早期的时候眼睛要看刀，虽然到后面是用手感受，但是这个时候眼睛看刀，只是为了训练切东西的专注度）。如果切的中途需要暂停去做其他事，比如再拿一个食材，则要把刀放下，不要拿着刀移动（特别是厨房有两个以上的人的情况）。如果需要把刀递给别人，那么应将刀尖朝下，刀刃朝内，握柄保留双方可以同时握的空间，确保交接后再放手。

在使用刀时，如果已经熟知安全规则了，就可以运用到更多的食材上，完成不同的切菜要求。比如把食材切成方块的、片的、丝的、滚刀的，等等，刀功的练习需要很长时间，升级到下一个"职务"后仍然需要保持练习，甚至可以作为"考核"的一部分。

现在我们可以进入到下一个阶段了。

升级当副厨，接触火和电

第二级，副厨。在这个阶段，可以尝试去完成一些相对较为独立的事情，但还是需要从基础工作做起，例如煮米饭、煮面条等。虽说是基础工作，但越基础的就越考验基本功，而且这个基本功对应着这个阶段面临的两大挑战——对设备的使用和对火的控制。

首先是煮米饭。为什么煮米饭是对副厨的一个挑战呢？

挑战一，米的选择和判断。稻米对于中国人尤其是南方人来说，应该是一种非常重要和基础的日常主粮了，米的品种细分下来也很多，粳米、籼米，等等。它们的口感（黏度、弹性）和香味都有差异。如何辨识米的好坏、米的新旧、储存方式，如何淘洗米、放多少量的米、用什么容器、煮多长时间，都是可以长篇大论的。

挑战二，水和米的比例。先按照"主厨"教导的经验来煮一次米饭，煮熟搅拌翻松米饭后（米饭在搅拌后得到"呼吸"，降温较快，不容易发硬，会更松软，适合本身有少许黏性和弹性的米饭），尝一下口感，根据口感来判断水和米的比例合不合适。以此作为参照，通过控制水量的变化来控制口感，找到自己喜欢的口感后，再慢慢学会对米量和水量的控制（不一定每次都煮纯白米，可以适当掺点糙米、红米等，或者是预先泡煮过的各种豆类，或根茎类植物，如南瓜、红薯、胡萝卜等），再到对不同用途的控制（如果准备做炒饭，水分可以更少一点，让米饭更有弹性）。

完成煮米饭的挑战，也意味着学会了对厨房里最常见的电器的操作（一般来说也是非常简单的）。那么可以进行下一个挑战——煮面条。在学习食材和烹饪方式之前，得把握一项技能——对火的控制。

我们可以从烧一锅水开始尝试，让孩子学会打开燃气灶，通过旋转按钮来感受火力的变化，观察不同火力对水及对加热速度的影响。轻轻靠近灶台和锅，感受热量，注意感受锅的热量时会有烫伤的风险，要知道只能摸锅把的那个位置，过热的时候可以用毛巾等辅助物拿起。对火和热度有了感受和安全认识后，可以再来观察热量的传递，知道水是怎么被烧开的（可以试试用不同的锅、不同的水量烧开的时间做对比实验）、怎么判断水烧开了。

已经较为熟练地使用燃气灶烧开水后，我们就可以开始学习煮面条了。面条在什么时候放进锅里，怎么放，不同的面条煮多长时间，是否在水里放盐放油，煮好以后是否浸泡在水里，等等，里面有太多学问，在这里不一一叙述，可以和孩子一起去探索。

如果副厨已经可以很顺利地煮米饭和煮面条，那么可以适当加入更多的独立操作，例如单独完成一些凉拌菜的调制，认识更多调料，掌握更多调味的技巧。在能够辨识这些自然调料调出的丰富风味后，可以和市售的化学调料做对比。

可以在煮东西的基础上加入更多不同的内容，例如烫煮青菜、煮汤等。然后再过渡到煎炒的练习。

煎炒的练习其实是对热传递的进一步感受，是一种对温度的控制的练习，包括对锅温和油温的控制。一开始最好尝试一些不太容易溅油花的操作，比如使用可以用少些油也不太容易粘锅的厨具，用较低的油温进行煎炒，将食材尽量控干水分。炒青菜是个不错的练习，虽然菜叶有较多水分，但是通常量比较大，所以放进锅里后会迅速降低锅温，不容易飞溅油滴。或者是将提前打在碗里的鸡蛋，快速地倒进锅里，形成蛋饼或煎蛋，即使有吱吱声一般也不会溅油花。

接下来要学着怎么用铲子了。如果厨师的形象画要拿着两个工具，恐怕就是刀和铲子了。用铲子翻动蔬菜较为容易，可以以此为练习的开端，到铲起蛋饼翻面，把菜盛到餐具里，可以根据孩子的状态，从观察学习到分工合作再到独立完成，一点点地增加内容和难度。

能够完成以上内容，"副厨"基本上已经可以在厨房里独当一面了！当然，要想成为一个统领全局的"主厨"，还得再继续学习、练习。

培养厨房里的创造力，当厨房里的主厨

要具备什么能力才能成为厨房里的主厨呢？除了细致的基本烹饪技能，当然是创造力了。

当你成为"主厨"时，意味着你不能再在厨房里等着别人的指示完成操作任务了，而是要主动去想，比如有什么食材、可以做什么菜、菜式之间如何搭配等是需要更多思考力和创造力的事情。

第一步，观察

就像学习每一项需要创造力的技能，一开始除了基本功练习外，还要有大量的临摹。所以在副厨阶段，孩子除了学习单项技能如切菜外，还应该尽量多观察完整的烹饪过程。如何烹饪西红柿炒鸡蛋呢？是先炒西红柿还是先炒鸡蛋？什么时候添加另外一样食材？什么时候调味？怎么调味？怎样算是完成了呢？同一道菜，每家每户做出的味道都会不同。在一遍遍观察和一遍遍自己烹饪的时候，自己的独门秘方就形成了。

第二步，记录

如果你们家已经有很美味的家人都很认可的西红柿炒鸡蛋"秘方"，我非常建议你们一定要把这道菜式的制作方法传授下来。创建一本家庭食谱会是非常不错的主意。想象一下，若干年后（或者过几个月后）重新翻看这样一本食谱，上面记录着一道道你们家的专属美味，还有一些制作时的感受或者风格随意的插画，一定会很有成就感，翻看时说不定还会发现很多惊喜，产生很多灵感呢。不一定每一道菜都是原创的，但独到之处或者需要提点的地方，完全可以记下来。很多时候，那些你以为稀松平常的做法，例如在什么时间加一点点糖来提鲜，当你有"否则西红柿炒鸡蛋就不是西红柿炒鸡蛋了"这样的感受时，最好把它记录下来，因为你内心知道，这正是你值得传授的得意之作呢！

第三步，参考

跟着家人做了一段时间的饭，把家的味道做得有点样子后，可以考虑一下，除了传统做法，还有哪些新鲜的做法。例如以前因为各种各样的条件限制，没有见过或较少机会认识某种食材，或是想创新一种烹饪方法。除了自己随意尝试，还可以参考别人的经验！当自身的经验和体验达到一定水平的时候，通常我会做一件事，就是去借鉴别人的经验。

没灵感的时候可以随意去翻翻菜谱，可以拿个小本本，随手标记一些想尝试的菜谱，当你不知道做什么菜的时候，或许就派上用场了。但是在翻看的时候，我也有相关的建议。在了解"术"（也就是直接翻看菜谱）的同时，

也注意了解"道"（也就是了解一些关于烹饪和食材的原
理的内容）。例如某些蔬菜的生长习性，腌渍是如何产生
作用的，这样可以帮助你了解别人为什么要这样做，这样
做是否有效，这样做会产生什么效果，自己是否会喜欢这
个效果，如果想调整应该怎么做等。还有一些"道"，和
直接的烹饪技巧无关，是一些厨房里的哲思，也非常有意
思。翻看完之后试着去做，可以从复制开始，特别是还不
熟悉的食材，站在巨人的肩膀上通常是个事半功倍的方
法。边复制边慢慢思考，逐渐调整，在这个过程中可以保
持开放的心态，有时候遇到不太习惯的味道，可以多些尝
试机会，让味蕾对其认知后，可能会使喜欢的口味更
丰富。

翻看别人的经验，除了需要"试验"，还需要"验
证"。自己做自己吃或者请别人吃，都可以帮我们来判断
好不好吃，但是这比较适用于普通的食材和较为常规的调
味。如果是完全不熟悉的东西，可能把握不准的菜品，我
们可以采用验证法。找一家比较擅长做这种食材或这道菜
的饭馆（或者很棒的"私厨"），真真正正地品尝，借鉴别
人是怎么做的，可以帮助校准参照系。不过要注意，最好
找个水平得到认可的饭馆，不然可能会因为错误的评判而
错失进一步探索的机会。

第四步，打破

去旅行的时候，总会发现当地一些有意思的饮食文化，有时候是将新奇的食材用于常见的吃法上，有时候是将常见的食材用于新奇的吃法上。例如北方加卤料酱油的豆腐脑，南方人的常规吃法是加蜂蜜，所以有时候熟悉的材料用新的调味方式也可以打破常规。打破一道菜的传统搭配，也会做出有意思的菜品来。西红柿炒鸡蛋是下饭神器，拿来做盖浇面也是非常好的。那么拿来配面包呢？夹在三明治里面呢？做成饺子呢？

第五步，全局

在前面的章节中我们介绍过三色饮食法。每一顿饭都集齐三色元素，是个非常简便有效的帮大家丰富和均衡餐桌内容的方法。所以要想升级为主厨，除了研究每一道菜，还要看看整个餐桌上都有什么。已经有了一道煎豆腐了，那么比起炸鸡翅，可能更需要一道蔬菜，再炒一个地三鲜的话，就需要考虑主食了，需要一些黄色的能量，但是菜里面已经有土豆了，所以不用做过量的主食，如果主食不是太多，那么做菜时调味要酌情清淡一点才好。

厨房叛逆期，就让孩子撒欢儿吧

如果孩子在厨房已经练习一段时间了，有时候可能厌倦于总是"服从"或者完成指定任务，不想总是循规蹈矩，制作完全固化下来的食物了，这就进入了厨房叛逆期。

我写到这里的时候，刚好有个朋友来探访，在我家小住了一周。从我去院子摘豌豆、采包菜给她做炒饭开始，她就已经觉得很"神奇"了，为什么会有年轻人这样生活？和她妈妈一样的生活。在那一周，我们谈论各种各样的事情，但是每当做饭的时候，或在涉及食育的话题时，她总是会感叹："这和我妈妈的做法一样，妈妈一定会很喜欢这里。"甚至在她妈妈给她打长途电话的时候，会顺便跟我交流一些烹饪手法。我始终有点疑问，如果她的妈妈和我们现在的行为一样，那她应该接受了多年的"食

180

育"。从某种程度上来说，我觉得她应该很了解和认同这样的状态啊，为何还频频称其为"神奇"？

临走前一天，我们边洗碗边聊天，她说因为妈妈一直都对食物有很严格的要求，做饭仔细认真，这种要求也用在了对孩子的烹饪指导上。例如什么菜一定要怎么做才对，或在吃饭的时候要求吃各种各样的营养物。但同时因为各种压力，例如早上虽然做了丰富的早餐，但是因为要赶着上学，所以一边要求吃得营养丰富一边又不得不催促快点吃。成年以后，朋友在开始自己做饭的时候选择了完全不一样的方式，简单快捷即好，有时候会做一杯蛋白粉奶昔代餐。但其实言辞之间，她表达的完全是欣赏和感激妈妈对生活的热爱，只是对强加的模式有点抗拒。

我想到我自己也是，从小不被允许进厨房，但是总叫我刷碗和做各种家务（而且每种家务活还有细致的要求）。父母为数不多的教我烹饪的时刻，却因为对太多细节的要求"逼迫"我放弃，以至于我在工作后很多年还保持着连煎蛋都会糊的黑暗厨艺。

如今，我们都在这个山里清静的厨房找到了乐趣，都在烹饪时不经意想到妈妈教导的技巧。撒播过的种子，尤其是那些带着真正热爱与热情的种子，是会留在身心里的，而且会在不经意间发芽。但这些种子发芽和成长需要土壤，过度的干涉和强迫会扼杀种子的活性。

所以，当孩子处在厨房叛逆期时，除了希望偶尔吃顿大餐，还希望在厨房搞点新花样。那么在不危及安全的情况下，何不给孩子创造的空间？

一起在家做洋快餐

就算你很小心翼翼地保护孩子的味蕾，从小在家吃健康食品，只要孩子外出过，和其他同学交往过，总会认识"汉堡""薯条"和"汽水"这些冲卷全球的快餐代表，而且大多会受外界的影响，觉得这些是人间美味，哭闹着要吃。

既然都是要做要吃，薯条，那还不容易吗？自己动手炸啊。

和孩子分工，选土豆、买土豆、洗土豆、削皮、切条、开炸。之前在厨房的学习全都派上了用场，因为是做孩子所期待的很少能吃到的"大餐"，所以可以看到孩子会欢快地主动地去做。制作时还可以加点自己的创意，例如把薯条切成不同的样式，或试着裹上面粉和鸡蛋，我妈妈在我们小时候的生日大餐里做过，至今我还记得那种香脆又粉糯的口感。如果可以，请试着自制番茄酱，用自然成熟

182

的番茄熬出自然酸甜的番茄酱，一是会让孩子觉得妈妈好厉害，都能自己做番茄酱了；二是能让孩子对比市售番茄酱和自制番茄酱的差别，去品尝真正的番茄风味（好的番茄熬出的番茄酱一般都能完胜市售调味番茄酱）。

自由自在的面团

说到自由自在的创造，没有什么比面粉更便宜又好玩的材料了。一斤面粉就能和出一大盆面，这个游戏可以在你们准备包饺子的时候做。

如果孩子在学习阶段，可以按照往常那样跟着大人制作。如果孩子玩心比较大，可以单独分一块面团给孩子，让他自由创造。这块面团可以加入盐去塑形，加入各种色素去做成不同颜色的面团，或在做好之后涂上颜色。这就成为一个天然健康又安全的塑形玩具了，比各种大品牌的橡皮泥或黏土便宜且安全。成型之后还可以烘烤或蒸熟晒干，摆放一段时间。

值得注意的是，如果打算食用，创造的边界还是有规则的。比如珍惜食物，请不要以自由创造为理由去浪费食材，自由创造不等于放纵。所以，请区分自由玩耍的面团和学习制作、创造新食物的面团。如果面团要食用，则要遵守厨房的规则，为烹饪的行为负责。例如包奇形怪状的饺子，破皮露馅或皮太厚也没关系，可以单独煮，可以创意料理和调味，也可以去感受创意成果。当然也要区分不愿和不能，如果是在努力学习怎么包饺子但是还没做到的情况下，大可不必在意，这个时候可以和孩子一起包一起吃，能起到很大的鼓励作用。

冰箱大作战

有时候这个叛逆期不一定要吃"快餐食品"或者把面粉撒得到处都是，只是想随意一点，或者有点惊喜和创造，这时来一个"冰箱大作战"是个不错的主意。

一开始，可以玩"冰箱大冒险"，看看冰箱有什么剩余食材。我们挑一些来试试看可以做什么吧。冷藏室里有半个洋葱、一个番茄、四分之一个包菜、一根胡萝卜、三个熟透的香蕉和一些鸡蛋。冷冻室里面可能还有几块培根、小块猪肉、几个鸡翅和小半包美式杂蔬。

这些食材好像做什么都不成，要不就变成我们的一个挑战吧。可以合作或者"竞争"，我们看看这些食材可以变出怎样一顿晚餐。这可是非常考验"综合能力"的。

我这里有一些剩食小建议，供大家参考。

第一个是通吃煎饼。适用于处理各种蔬菜，基本上全部擦成或切成丝，注意去除水分，拌上鸡蛋和面粉，变成面糊。然后倒入一个大平底锅（别太厚，正常煎饼厚度即可，面糊如果太多就分多次煎），煎熟后装盘，可以撒点木鱼花，再挤点蛋黄酱，还可以假装做成大板烧。

第二个是缤纷果汁。适用于零散蔬果。比如做煎饼剩下一点点胡萝卜，还有一根黄瓜，再加个苹果或者其他水果，就可以榨出一杯纤维满满的蔬果汁，水果和胡萝卜的甜度足够了，不必额外加糖。如果觉得有点浓稠，可以加点水，再挤点柠檬汁，可以使果汁的风味更丰富。

第三个是"乱炖"。基本步骤是先将食材煎炒一下，比如土豆、胡萝卜之类的淀粉含量较高、容易在炖煮过程煮烂的食材，或者是培根、鸡翅一类可以带来动物油脂香的食材，然后把可以炖煮的东西都放在一起，加入水或汤、香料等，炖出一锅美味。

第四个是"烤箱烤一切"。基本上所有的食材都可以放进烤箱，而且辅料往往只需橄榄油、盐和黑胡椒，就可以带来食材本身的滋味。在烤盘底铺一张锡纸，抹一层薄薄的橄榄油，放上食材，撒些海盐和胡椒粉就可以放进烤箱了。需要注意的是，不同的食材的烘烤温度和时间不一样，需要分次加入。如果怕烤焦的话，可以用锡纸包裹着

食材，变成蒸烤的模式（食材的水分在锡纸的覆盖下不会
过度流失）。

最后一个是火锅大餐。不必刻意去准备一大堆火锅食
材，用剩余的食材来制作一个简单温馨的小火锅，完全没
有负担。

全宇宙都爱甜品，那就把厨房变成宇宙中心

如果细心观察身边的亲子 DIY 场所，会发现他们提供最多的一种服务就是烘焙，不管原来是否对烹饪感兴趣，通过活动，孩子都会对烘焙产生兴趣。和孩子一起出去逛街，经过甜品店、超市的饼干巧克力区域、冰淇淋专柜、面包蛋糕店时，你是否会发现有双发着光的眼睛正盯着你，对你充满企盼？总而言之，喜好香甜似乎是刻在我们的基因里了，与其不停地告诉孩子"不可以""下一次再买"或是"好好好""买买买"的无边界宠溺，让孩子一直对此处于渴求或过量摄入的状态，倒不如让孩子接触、了解和主动判断并自行选择。

那要怎么做呢？既然全宇宙都爱吃甜品，那就让家里的厨房变成宇宙中心好了。

带着孩子一起做甜品，既可满足口腹之欲，又可在制

作的过程中了解到这些不可抗拒的香甜都是由什么组成
的，自己做的和某些市售产品的差别在哪里。也就是让孩
子亲身去体验——"当我吃甜品的时候，其实我在吃什
么"。有了这样的经验，相信孩子将来独自面对香甜诱惑
的时候，可以真正明白什么才是好的选择（这种方法也适
用于其他零食、汽水等）。

　　甜品那么多，我们要怎么开始呢？可以从两个方面开
始。一是做一些健康的甜品，有时候可作为加餐，增加日
常乐趣；二是做一些经典市售甜品，可以为某些特别的时
刻增加气氛，同时也能对比了解市售甜品所存在"问题"。

　　健康加餐甜品，可以做的内容其实很多，比如松饼、
纯素饼干、燕麦零食、低糖低油的面包、中式蒸煮类糕点
等。基本的共同点就是都偏向使用少加工的原本食材，例
如用全麦多于精制预拌粉，用新鲜水果多于果味糖浆。同
时注意控制糖油量，选择天然甜味剂，比如用果蔬本身的
甜味代替精制糖，或者用烘烤的面粉香味去取代甜味的诱
惑。中式蒸煮类糕点还有一个重要的特点和作用，它大多
承载着和本地文化有关的故事（食材来源于本地，为了适
应本地气候而特制的食物），其中可能有很多承载了长辈
童年快乐的记忆，所以也是一个构建家庭文化很好的
素材。

　　如果孩子之前没有吃过太多的市售甜品，那么他对甜品的认识可能还是非常有可塑性的（一旦习惯了吃市售甜品，可能会产生只有高糖、高油、香甜的才是甜品的刻板印象），所以建议开始的时候可以尝试一些不是用太多精制糖和奶香油脂制成的甜品，比如香蕉全麦松饼。

　　熟透的香蕉本身甜度就很高，而且香蕉烤完之后会有一股特殊的成熟香甜味。如果香蕉买多了，放了几天有点过熟的时候，可以使用这种处理方法。全麦粉比起普通面粉会有一点粗糙的口感，日常饮食如果适应粗粮的话完全没问题，也会喜欢松饼那一点点粗糙的口感。可以直接食用松饼，也可以搭配一些水果，浇些蜂蜜、酸奶或放一小块黄油，做成豪华版本。甚至可以拿两片松饼夹上豆沙馅，假装是哆啦 A 梦最爱的铜锣烧。

　　松饼的做法可以简单，也可以稍微复杂些，材料变化也很多。如果你也是个甜点新手，建议从制作方法相对简单一点的开始。

　　分享一个简单的制作方法：

　　香蕉 1 根，牛奶 60~80ml，鸡蛋 1 个，植物油 1 大勺，糖 1 小勺，盐 一小撮，全麦粉 65g，泡打粉 2g。

　　将香蕉捣成泥，依次加入鸡蛋、牛奶、植物油、糖和盐，每加入一样材料都搅拌均匀，形成糊状，然后将全麦粉和泡打粉混合均匀后，倒入上一步的糊糊里，简单翻拌均匀（不必用力过度搅拌），甚至没有干粉即可。然后小火加热平底锅，倒入一汤勺面糊，煎至面糊表面出现一些气孔，周边一圈变色即可翻面，再煎约一分钟即可出锅。重复操作至所有面糊使用完毕，最后摆盘，浇上喜欢的调味品，如蜂蜜、酸奶或巧克力酱等。

类似的食谱和烹饪方式，在很多地方都能找到，这里只是给出一个简单的参考。比起具体的食谱，更重要的是怎么让孩子参与进来。如果只是让孩子吃到最后的成品，孩子只会评判好不好吃，遇到味道和卖相不是太诱人的，可能觉得还不如那些市售的甜点。只有参与进来，才能了解这些食品都是怎么来的。原来只加一勺糖只有这样淡淡的味道，如果要像某些市售产品那样甜，还得再加好些糖和其他东西。多了这样的认识，再加上自己亲手制作的乐趣和摆盘完成后的仪式感和成就感，孩子可能会更倾向于选择品质较好的食品（无论是自己做还是选择更加值得信赖的"商家"），并且控制食用甜品的频次。

对于做什么甜点，除了上面两个思路，还可以根据自己的喜好、烹饪的难度和所需的工具、家庭愿意投入的成本等来商议。在设计的时候，建议两个方面的内容穿插着做。如果刻意分类和严格控制制作内容，比如只准做和吃

190

"健康"的甜品,这样的规则就会远离让孩子来了解和掌控自己饮食选择的初衷,从而可能更加容易让孩子在独自面对诱惑时失控。

以我个人的经验来说,在没有开始自己烹饪前,虽然谈不上爱吃甜点,但是也不拒绝,特别是无聊和沮丧的时候,甜点通常是我用来排解不良情绪的优先项。

但是真的开始试着自己做这些食物以后,我的想法发生了巨大转变。我开始参考网上的菜谱做了一次黄油曲奇,很快就戒了吃甜点的习惯。最令我震惊的是糖量。其实只要食材好,操作基本及格,做出来的甜点就会比大部分市售甜点好吃很多(甚至到后来无法接受很多市售甜点的油腻香甜)。

总而言之,我最初选择做的甜点是没有太多限制的,比如没有规定只能做低糖低油(更别谈无糖无油了)的健康甜品,只是在了解过程中我发现自己不再喜欢这种食物,再加上其他的饮食调整和生活习惯的改变,慢慢找到了适合自己身体的健康食品,算是循序渐进,最终可以轻松拒绝市售品质不好的食品(包括用料品质、制作品质和对环境和身体是否友好的品质)。

但是其间我也经历了急于求成的阶段,看了好多教授"健康食品"的烹饪书,但是由于书中烹饪条件严格得有

点苛刻，不太好烹饪，成品也和平时的饮食口味有差异，
以至于接受起来略有困难，没法好好欣赏这些健康食品。
所幸当时决定暂时不在这个方向急进，换个简单点的方
式，一点点改变，轻装上阵，而不是贴个"健康甜点"不
好做、不好吃的标签就告一段落，重回乱吃乱喝的状态。
所以如果你打算一开始就比较严格，那就要做好付出更多
努力的准备，不然容易适得其反。

一起读食育
绘本和图书，
和食物做朋友

　　我们有一个书柜，其中最下面一层是绘本，大部分的主题和"食"相关，大概有三四十本。有时我们在专心工作的时候，孩子们进来自己玩，就会顺手拿起这些绘本，每次看到孩子们在认真读绘本，我们就可以放心地继续做自己的事了。

　　绘本共读，几乎是我们每次组织活动的固定环节。无论之前的热身游戏时孩子多么欢快闹腾，还是处于怯生和略疏离的状态，共读绘本都是一个不错的选择。我们可以一起进入这个故事建构的世界，通过丰富的讲述和画面，加入我们丰富的想象力，在故事的世界中遨游。我们会安静地浸入其中，我们会在故事里放松和感到安全。

　　这里选几个我们非常喜欢的绘本，和大家分享一下，这些绘本讲述的故事告诉我们如何建立起和食物之间的关系。

第一本是《妈妈，买绿豆》

作者阿宝小时候和妈妈去逛街市，路过杂货铺，大人们见面聊天，阿宝到处看看。阿宝见过的东西有些我也见过，有些只听说过，但都觉得很熟悉。而我和阿宝最像的是我也超级喜欢绿豆，夏天熬一锅绿豆汤，加了糖之后香甜的绿豆沙，一起制作的绿豆冰，每一样都让我口水直流。《妈妈，买绿豆》是一个关于芝麻绿豆般小事的日常，但是亲切美好得就像在播放你的童年。如果你和阿宝有过类似的童年，或者你希望这样的童年在你们家延续，让现在的孩子也可以有这样简单满足的童年，非常推荐一起共读这个绘本。

读完之后，大家可以从任何一个步骤开始去"实践"阿宝的生活，和孩子一起去逛逛卖绿豆的地方，看看琳琅满目的各种粮食，带回一小包绿豆，一起淘洗绿豆，煮一锅绿豆沙，一起冻绿豆冰，感受那种原始而淳朴的快乐。也可以复制阿宝种绿豆的经验，书中只用了很少的笔墨去描写，但是如果孩子真心想种，是可以和阿宝一样，天天盼着绿豆发芽，也会在绿豆冒出小芽时，感叹生命的神奇。种绿豆也可以延伸成植物观察日记，然后连通到食物最初的起点。

第二本是《环游世界做苹果派》

我们在很多活动里都用到过这本书，无论是食育烹饪课，还是食育里关于食物的故事，或是和美育、建筑人文、探险创造的联结。每次读到小女孩发现商店关门了，就赶快收拾行李搭上游轮的时候，我都忍不住加快语速，想赶快和书中的主角一起踏上游历世界的旅程。

这本书里有很多诙谐有趣的描述。作者带着想做苹果派的小女孩环游世界寻找原料：意大利的麦子、法国的母鸡、斯里兰卡的桂皮、英国的奶牛、牙买加的甘蔗，还有美国的苹果。无论故事还是画面都很轻松风趣，自然流露的乐观态度感染了很多孩子。

阅读过程会带来很多愉悦的感受，如果合上书，不妨试着进行一场苹果派的冒险。我们不需要去环游世界，先看看我们的厨房里已经装了一个多大的世界，果然有来自全球的产品呢。如果少了一些材料，你正好可以和孩子一起踏上（去超市）征程。

相信最后从烤箱里捧出苹果派时，你和孩子会甜蜜地相视一笑。

第三本是《十四只老鼠种南瓜》

"十四只老鼠"其实是一个系列，每一本都很适合作为食育活动的前期引导内容，而且有些丰富而平凡的自然变化的生活场景，可以配合时令节气等主题使用。

我对书中印象最深刻的内容是作者描述老鼠一家人的生活，有些场景，我都怀疑作者钻到我的记忆相册里去看过，比如中秋节一起赏月，老鼠兄弟姐妹间的争吵与合作。书中没有什么大事和意想不到的意外，只是在日常生活中呈现出本真的美。

这个绘本描述了老鼠一家收到一颗南瓜的种子，本来平凡又普通的事，因为老鼠爷爷说"这是一个生命"的开始，而变成了一件神圣的事。之后作者用缓慢简朴的语言描述大家怎么种下南瓜种子，怎么见证南瓜发芽、生长、结果的一生，里面有兄弟姐妹的合作，有一起对抗大风大雨的情景，又有欣赏春花秋月、享受虫鸣蝶舞的自然美好，最后南瓜收获后，大家不仅一起做了南瓜大餐，还留了来年的种子。文字俏皮简朴，画面中其实隐藏了很多令人感动的细节，非常值得仔细翻看。

同样，阅读完这个绘本后，如果有种植条件，不妨试着种植南瓜（种植难度非常低，而且收获丰富，非常推荐），在埋下去的时候像老鼠弟弟那样说，"南瓜种子，你可别睡着，你可使劲地长哦。"还可以去菜市场观察各种各样的南瓜，买一颗回来，轻轻地抚摸它的表面，切开后闻闻南瓜的味道，观察书中老鼠爷爷说的南瓜的种子。再和老鼠一家一样，将这颗南瓜做成南瓜饼、南瓜粥、南瓜面包、炒南瓜等一桌南瓜宴。

相信吃的时候，也会有一阵田间的风吹过。

除此之外，还有一些绘本和食育图书值得翻阅

《阴天有时下肉丸》是一个关于食物的脑洞大开的故事，适合下午茶时间或周末阅读，读完再做一份里面出现过的食物，然后一边和孩子一起美美地吃着点心，一边幻想着也住在那个故事发生的小镇里。

《我的蔬菜宝宝》是一本能够互动的绘本，从上一页植物的植株形态，猜测是什么蔬菜，适合 2～4 岁的孩子，和孩子做感知食物的游戏之后，可以用它再补充扩展一些食物认知知识。

《它们是怎么长出来的》，讲述在农场里观察食物种植的故事，吃着日常的蔬果时，如果突然好奇这些食物都是怎么长出来的，可以和孩子一起共读这个绘本，也可以借由这个绘本尝试亲自种植点什么，加强与土地的联结。

《因爱料理：给孩子的节气食谱》，虽然里面的食谱在
地性（台湾）很强，以至于在其他地方不是很好复制，但
是故事里的爱会从每个菜谱的安排、行文小诗和插画中体
现，可以模仿这样的模式来建立自己的家庭食谱。

《丰盛简单美好》，特别实用的一本食谱书，从前餐小
吃到大餐，中式西式都有，可操作性也很强，会介绍原
理，可举一反三，很适合作为家庭食谱的参考。

《素味西餐》，美美的西式素食简餐菜谱，口味比较适
合中国胃，操作上如果有西式烹调经验或者烘焙经验，相
对来说也较为简便。

《蔬菜教室》，认认真真地学习一颗颗菜一根根萝卜的
样子，去了解蔬菜的每个部分怎么物尽其用，最好地烹
调，让那颗菜在你手上传达出简单丰盛和满足。